D1195732

Trouver l'autre

SIGNE ASTRAL IDÉAL

Données de catalogage avant publication (Canada)

Aubry, Jacqueline

Trouvez l'autre signe astral idéal

ISBN 2-7640-0100-2

1. Astrologie. 2. Amours. 3. Choix du conjoint. I. Titre.

BF1729.L6A92 1998   133.5'864677   C97-941581-0

LES ÉDITIONS QUEBECOR
7, chemin Bates
Outremont (Québec)
H2V 1A6
Téléphone: (514) 270-1746

© 1997, Les Éditions Quebecor
Bibliothèque nationale du Québec
Bibliothèque nationale du Canada
ISBN: 2-7640-0100-2

Éditeur: Jacques Simard
Coordonnatrice à la production: Dianne Rioux
Conception de la page couverture: Bernard Langlois
Photo de la page couverture: Pierre Dionne
Infographie: Composition Monika, Québec
Impression: Imprimerie L'Éclaireur

Trouver l'autre

SIGNE ASTRAL IDÉAL

Jacqueline Aubry

LES ÉDITIONS
Quebecor

Préface

Il est plus facile d'écrire un article que de préfacer un livre de Jacqueline Aubry. Que dire d'elle, de son travail, de ses livres, si ce n'est qu'elle fait tout pour l'amour qu'elle porte à la race humaine, perçue à travers sa lorgnette des douze signes astrologiques.

Tel l'alchimiste devant ses fioles, la carte du champ des étoiles étalée devant elle, elle récupère le jeu des forces de l'individu pour s'en faire une énergie qui passe par sa pensée dans l'écriture. J'ai des cahiers pleins de notes sur les prédictions des différents mouvements engendrés dans divers pays ainsi que sur les bouleversements causés dans ma propre vie. Si, un jour, quelqu'un trouvait ces cahiers, il s'amuserait assurément à départager les événements collés à l'actualité des prédictions mondiales de Jacqueline ainsi que ses réflexions personnelles sur mes amis, mes enfants, mes amours...

Dans cette recherche de l'immédiat, notre astrologue retrouve ce lien d'intensité qui la guidera vers l'autre, vers une pensée authentique... le plus près possible. Tout le monde n'a pas les mêmes balises, les mêmes priorités, les mêmes aspirations. Et rien n'est l'effet du hasard. Quelqu'un n'a-t-il pas dit quelque part qu'un éternuement à un bout de la planète peut provoquer un tremblement de terre à l'autre bout?

Tout le monde ressent les secousses de certains éternuements, qui vont jusqu'à se transformer en guerres. Cruellement, c'est dans les guerres que les peuples, les gens se révèlent le mieux. C'est à partir des réflexions sur la guerre, les civils qui se font massacrer dans le monde entier que Jacqueline et moi commençons presque chacune de nos conversations quotidiennes. Puis, nous enchaînons sur son attachement à la vie, aux éternels recommencements annonciateurs d'une certaine plénitude de l'être, sur l'amour, seul salut de l'univers.

N'empêchons pas le mouvement. S'il n'a pas lieu, n'empêchons pas l'idée du mouvement.

Si vous tenez ce livre entre vos mains, c'est déjà un bon signe. C'est que vous vous intéressez au moins à votre propre naissance. Il y a donc de l'espoir. C'est toujours terré dans un coin, loin des autres, que l'on pose les questions essentielles. Qui suis-je? Où vais-je? Comment et avec qui y aller? Si l'on pouvait au moins trouver une interprétation à certains archétypes permanents ou mythes, on pourrait se concentrer sur les rapports analogiques entre les êtres, les choses, les étoiles, et retrouver notre bonne étoile, celle qui doit nous guider et nous accompagner.

Mais comment se retrouver dans les ramifications à perte de vue de ce fil qui rattache notre monde – le réel – aux configurations célestes? Comment se retrouver dans les faux miroirs? Comment se retrouver dans les écheveaux entremêlés des mythes et des héros qui peuplent notre imaginaire? Comment se retrouver dans les livres, les écritures, les théories, si la vie est autre que ce que l'on écrit? L'écriture peut être trompeuse lorsqu'elle provoque une certaine idéalisation des événements. L'écriture est caricature, mais elle est aussi liberté.

C'est ce désir de liberté qui sommeille au fond de chaque signe qui vous sera raconté dans ce livre, ce désir de se voir dans un miroir non déformant, en face d'un ou d'une autre, de se voir un être dépouillé de tout mensonge, de brefs éclats du miroir perdu à la recherche ne serait-ce que d'une parcelle de vérité.

Comme si le monde allait de lui-même se restituer en monde d'équilibre des ressources, des avoirs, des forces de construction d'un monde nouveau. Le prochain siècle s'inscrira, souhaitons-le, sous le signe des valeurs universelles... Après tout, ce sont ces valeurs qui assurent la permanence.

Ce livre s'adresse à chacun des signes, à chacun et à chacune d'entre vous qui sont à la recherche de l'autre. Il veut créer ce rapport analogique que recherchent les gens seuls, à la conquête d'un être qui leur est, sous presque tout rapport, apparié. L'autre. L'amour unique, vrai... Ce livre vous permettra de chasser les vieux fantômes restés enfouis dans vos vieilles cellules. Faire peau neuve. Autrement. Peut-être vous permettra-t-il également de constater la vraie vie absente, comme aussi l'absence de l'autre...

Il vous guidera dans les méandres de la connaissance de l'autre. L'autre à éviter, l'autre à connaître à tout prix, l'autre avec lequel tout est simple, ou, au contraire, avec lequel tout n'est que complications et problèmes. Ce livre vous conduira dans le rêve de l'autre et les cauchemars à éviter, pour aller à la rencontre de l'homme ou de la femme qui correspond le mieux à vos désirs, avec l'accord des astres.

Le couple constitue une des plus grandes forces... Le couple, n'est-ce pas la force individuelle décuplée?

Seuls, nous ne pouvons pas grand-chose.

Évelyne Abitbol

Ses relations avec les autres signes

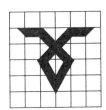 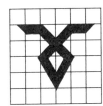

UN BÉLIER ET UN AUTRE BÉLIER

Il y a le feu, de l'imprudence, une passion commune pour l'action, de l'exagération et des grands drames d'un côté comme de l'autre. Ils se pardonnent tout, ils recommencent dès qu'ils s'imaginent qu'ils ont fini d'être ensemble. Deux paires de cornes enflammées, de quoi provoquer un incendie. Ils se lassent l'un de l'autre, l'un reprochant à l'autre de ne pas être comme lui, allant même lui reprocher ses inconstances! Et la balle rebondit inlassablement d'un camp à l'autre! Pas de rancune, ils en sont incapables, ils préfèrent conserver les beaux souvenirs qu'ils ont ensemble. Deux signes identiques. C'est la plus grande évolution qu'on puisse faire; il s'agit du miroir de l'un et de l'autre! Ils peuvent toujours se corriger mutuellement leurs défauts et unir leurs forces.

UN BÉLIER ET UN TAUREAU

Voilà la rencontre de deux paires de cornes qui ont besoin de s'ajuster: le Bélier va vite, le Taureau n'est pas pressé! Le Bélier passe d'une idée à l'autre, le Taureau a les idées fixes. Rien n'est impossible, le Taureau prendra de la vitesse, le Bélier se calmera et appréciera la stabilité du Taureau. Le Bélier se sentira rassuré. Le Taureau finira par comprendre que les champs d'action ne sont pas limités et qu'il y a toujours de la place pour une nouvelle conquête.

Le Bélier trouvera parfois ennuyeuses la répétition de gestes et les habitudes du Taureau, il a besoin d'excitation. Un Taureau amoureux est bien capable quand il l'aura décidé, naturellement, de se mettre à bouger si vite qu'il épatera le Bélier. Le Bélier, signe de feu, est de la dynamite express, et le Taureau, un signe de terre, est solide et vous pouvez compter sur lui à partir du moment où il sait que vous l'aimez.

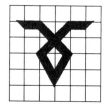 

UN BÉLIER ET UN GÉMEAUX

Ils sympathisent immédiatement. Le contraire est rare. Le Bélier est un signe de feu, et le Gémeaux, un signe d'air; l'air attise le feu, le feu réchauffe l'air. Ils discuteront beaucoup. Les deux s'accrochent les pieds dans les détails et voilà le drame, des portes qui claquent. Le Gémeaux ira prendre l'air, le Bélier escaladera une montagne. Ils ne savaient pas, mais les voilà de nouveau sur la même montagne. Le Bélier a fait des détours, mais il est allé vite; le Gémeaux a plané, et de loin, sans le laisser voir, il suivait le Bélier!

Deux vrais enfants d'école... ils aiment bien d'ailleurs faire ensemble l'école buissonnière! Ils s'attacheront l'un à l'autre, et plus qu'ils ne voudront se l'avouer mutuellement. Les voilà tout à coup au bord d'une séparation. Le Bélier souffre, simule l'indépendance; le Gémeaux, qui a tout observé du comportement de cette pseudo-libération, aura le mot précis et le sourire coquin qui feront que le Bélier, ne pouvant résister à tant de charmes, se précipitera pour l'embrasser et voir de plus près le clin d'oeil complice.

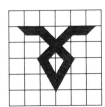 

UN BÉLIER ET UN CANCER

Un signe de feu et un signe d'eau. L'eau éteint le feu. Le feu fait bouillir l'eau, comme il peut la garder tiède. L'eau pourra s'évaporer doucement. Le Bélier avance, le Cancer recule. Le premier ne ménage pas ses mots, l'autre ne veut pas blesser. L'entente n'aura rien de facile. Le Bélier voudra de l'action et le Cancer trouve qu'il y en a bien assez comme ça, et souhaite qu'on enfile les pantoufles... Le Bélier les jette par la fenêtre, le Cancer pleure! Deux signes cardinaux, deux signes de chef. Le Bélier, plus directement; le Cancer, subtilement.

Le Bélier n'arrive pas à comprendre les subtilités du Cancer et le Cancer supporte mal qu'on puisse être aussi indélicat.

11

Le Cancer est le symbole du foyer familial; aussi le Bélier, qui aime se retrouver en famille, aura-t-il bien du mal à se séparer de celui qui lui rappelle toujours la douceur et la sécurité du foyer. Là, au moins, le Bélier n'aura pas à se battre... mais il risque de s'ennuyer. Le Cancer est un romantique, un tendre, il arrose les fleurs pendant que le Bélier astique son bouclier! Ils peuvent toujours finir par s'entendre, à la condition de garder une certaine distance, ou d'être suffisamment évolués l'un et l'autre pour bien saisir toute la différence qui marque la vision que chacun a de la vie. Le Bélier devra modérer son feu et le Cancer s'alimenter à plusieurs sources afin de ne jamais se déshydrater.

UN BÉLIER ET UN LION

Le Bélier donne des ordres, le Lion n'en prend pas. Deux signes de feu, dynamisme, foi commune, mais chacun a besoin d'être admiré, aimé, adoré si possible! Lequel doit se plier à l'autre?... Jamais un Lion ne s'inclinera, le roi c'est lui et personne d'autre! Et le Bélier se fâchera, mais comme il oublie ses rancunes, il reviendra sans faire allusion à la dernière scène. Le Lion alors, en bon roi, traitera bien le sujet qui l'a bien servi et qui revient dans sa «cour»! S'il s'agit d'une amitié, elle peut durer toute une vie. En amour, ce sera alors une passion et l'un et l'autre devront faire l'effort de la soutenir pour l'un et pour l'autre et ne pas se dire que c'est l'autre qui doit le rendre heureux. Il leur arrive à chacun de croire que c'est l'autre qui doit le rendre heureux! C'est le devoir de chacun, alors que chacun préfère croire que c'est le devoir de l'autre!

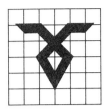

UN BÉLIER ET UNE VIERGE

Ils se parlent, mais ils ne s'entendent pas. Il leur faut parfois une «grosse» difficulté pour qu'ils en arrivent à s'expliquer. Le Bélier est un signe de feu, il est prompt; la Vierge, un signe de terre régi par Mercure, réfléchit avant d'agir, pèse, mesure, ce qui, pour le Bélier, est une véritable perte de temps. Ils ont beaucoup à s'apprendre mutuellement, mais avant d'avoir leur diplôme final, ils devront passer par plusieurs étapes. En arriver à une harmonie parfaite ou presque... n'a rien de simple, mais rien n'est impossible si le signe de terre de la Vierge ne jette pas trop de terre sur le feu qui s'éteint alors et qui meurt... au point de perdre le goût de l'action.

La Vierge devra accepter le feu qui tantôt réchauffe et tantôt brûle! Elle devra cesser de réfléchir aux mots passion et spontanéité et les vivre sans se poser de questions. La Vierge, qui est un signe de travail, devra s'arrêter de temps à autre et faire comme le Bélier: goûter, dévorer ce qui est bon et agréable à vivre, sans se poser de questions. Le Bélier ferait bien d'écouter les sages conseils de la Vierge, sa prudence peut lui être d'un grand secours.

UN BÉLIER ET UNE BALANCE

Ils seront fortement attirés l'un vers l'autre, mais rien ne garantit que ça durera. Ils peuvent aussi trouver leur équilibre et se compléter, puisqu'ils sont l'un en face de l'autre sur la roue du zodiaque. Il s'agit de deux signes cardinaux, deux «généraux», le Bélier, directement, et la Balance, avec un beau sourire entre les dents! Le Bélier est un signe de feu et la Balance, un signe d'air. L'air attise le feu. Le feu réchauffe l'air, mais s'il y a trop de feu dans l'air, l'air devient irrespirable. Le Bélier est régi par Mars, le combat; la Balance, par Vénus, l'amour dans un signe d'air, l'amour et la conciliation. Le Bélier ne fait pas de quartier, la Balance discute! Le premier fait rapidement justice, l'autre délibère. L'un fonce sans hésitation, l'autre sert de contrepoids d'une même affaire. Le Bélier est un instinctif sensible et la Balance, une raisonneuse sensible. L'instinct et la raison peuvent se heurter, mais ils peuvent se rencontrer sous le thème de la sensibilité.

UN BÉLIER ET UN SCORPION

Deux signes de Mars, qui font la paire quand ils se lient en vue d'un objectif commun. Ils sont tous deux ambitieux. Le Bélier est pressé, le Scorpion est prudent dans son empressement. Le premier voit à court terme, l'autre, à long terme. Le Bélier fonce imprudemment, le Scorpion peut lui servir une mise en garde. Le Scorpion s'angoisse, alors le Bélier lui suggère de ne pas trop s'en faire. Ils s'influencent ainsi l'un l'autre. Il ne faudrait jamais que le Bélier s'avise de tromper le Scorpion. Ce dernier peut attendre vingt ans s'il le faut, mais il finira par donner une leçon au Bélier qui se souviendra soudainement à ce moment-là. Le Scorpion ferait bien de ne pas tourmenter le Bélier, ce dernier étant plus vulnérable qu'il le laisse paraître.

Le Scorpion est un puissant signe d'eau, et l'eau peut éteindre le feu du Bélier. Amicalement, ça peut durer toute la vie. En amour, il y a danger. Le Bélier, par son feu dévorant, réclame de l'attention. Le Scorpion ne sent pas le besoin de répéter ses démonstrations et ses preuves d'amour, il est un signe fixe, il reste fidèle au poste. Le Bélier devrait deviner qu'il n'a pas changé d'avis, et éviter de l'impatienter en insistant. Le Scorpion n'agit que quand il a décidé de le faire. Si, à tout hasard, le Scorpion claque la porte, il faudra au Bélier de nombreux coups répétés pour qu'il la rouvre, et rien n'est certain avec le Scorpion. Ils peuvent s'aimer follement et longtemps si le Bélier respecte les silences méditatifs du Scorpion, et si le Scorpion accepte les inconstances et les quelques caprices du Bélier.

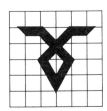 

UN BÉLIER ET UN SAGITTAIRE

Voilà une paire de signes de feu très à l'aise! Le Bélier s'emballe, mais le Sagittaire réduit la flamme sans la faire trop vasciller, sans la mettre en danger. Le Sagittaire a le goût de faire des choses, et le Bélier le stimule à l'action, et le pousse toujours plus loin vers les hauteurs, vers la réussite. Le Sagittaire a besoin de liberté, d'espace, de distance entre lui et l'autre, et le Bélier peut l'accepter de la part du Sagittaire. Ce dernier connaît instinctivement les mots qui rassureront le Bélier sur son retour. Le Sagittaire a la sagesse, du moins la plupart du temps, et le Bélier, encore enfant dans le zodiaque, a besoin de ses conseils. Si le Sagittaire se fait vieux, neuvième signe du zodiaque, le Bélier, premier signe du zodiaque, saura le rajeunir. Ils peuvent s'aimer toute une vie; ils pourraient se séparer, mais très souvent ils se retrouvent, en se disant encore une fois pour toujours.

 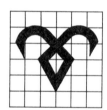

UN BÉLIER ET UN CAPRICORNE

C'est un véritable mystère de la nature! Comment ont-ils fait pour se rencontrer? Ils sont si différents! Le Bélier, signe de feu, chaleur intense, le Capricorne, signe de Saturne, froid concentré. Après tout, le feu ne fait-il pas fondre la glace? Danger! La glace fond, fait de l'eau et éteint le Bélier. Le Capricorne, signe de terre. Jetez de la terre sur le feu, le résultat est le même au bout du compte. Rien n'est impossible si le Bélier est prêt à écouter la morale du Capricorne, à respecter sa prudence et sa lenteur, et si le Capricorne est prêt à tolérer les humeurs inconstantes et les sursauts d'énergie du Bélier.

Rien n'est impossible si le Capricorne se fait tolérant au maximum et si le Bélier veut bien céder du terrain de temps à autre. Le dialogue ne sera pas facile: le Capricorne dit un jour... le Bélier dit tout de suite... Mais ils finissent par se retrouver. Le Bélier, demeurant toujours jeune et plein d'espoir pour l'avenir, rencontre le Capricorne quand celui-ci se met à rajeunir en vieillissant. Ils peuvent alors faire la paire.

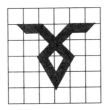 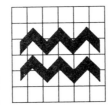 **UN BÉLIER ET UN VERSEAU**

Voilà un signe de feu et un signe d'air. L'air attise le feu, le feu réchauffe l'air, tout comme il peut l'envahir au point qu'il devienne irrespirable. Le Verseau, le moins fixe de tous les signes fixes, plaît au Bélier qui a besoin d'action, de mouvement. Il a ce petit côté dictateur contre lequel le Bélier peut se rebeller. Voilà qu'ils ont une bonne prise de becs, qu'ils se disent leurs quatre vérités et voilà aussi que ni l'un ni l'autre n'entretient de la rancoeur. Le Verseau a carrément tout oublié de la scène, et le Bélier, qui est plein d'espoir, ne tient absolument pas à se souvenir!

Ils font la paire. Ils sont bien ensemble. Une sorte de respect amical les anime, qui fait que leurs chemins finissent toujours par se croiser, et quoi qu'il se passe entre eux, ils ne retiennent aucun mauvais souvenir. En amour, le Verseau peut trouver le Bélier bien exigeant et le Bélier trouver que le Verseau est trop souvent absent, mais ils peuvent s'accommoder. Le Verseau étant absent, il fait abstraction des demandes du Bélier et le Bélier, vu l'absence du Verseau, ne fait bien que ce qui lui plaît. Ils sont doués pour faire la fête ensemble. On peut savoir le moment où la fête commence, mais on ignore quand elle finira. Dans certains cas ça dure toute une vie!

UN BÉLIER ET UN POISSONS

Encore une fois nous avons ici le feu du Bélier et l'eau du Poissons. Le feu fait bouillir l'eau, elle déborde et éteint le feu, ou alors l'eau s'évapore si le feu du Bélier ne sait pas maintenir la température et laisser le Poissons s'alimenter à ses sources humides de l'affection détachée de toute passion consumante. Le Bélier étant surtout centré sur lui-même et le Poissons, concerné par l'humanité, il leur sera bien difficile d'avoir un même point de vue sur un même sujet. Le Bélier s'accroche aux artifices, alors que le Poissons devine ce qui se cache derrière toute chose. Le Bélier n'acceptera pas d'être prévenu et le Poissons n'interdira rien puisqu'il conçoit que chacun doit vivre ses expériences personnelles pour connaître sa route.

Le Bélier est un signe de feu, un signe cardinal, qui donne beaucoup d'ordres dans une même journée. Le Poissons est un signe double qui entend, mais qui n'observe aucune directive, trop occupé qu'il est à vivre soit dans ses rêves, soit dans une réalité qui l'empêche de vivre ses rêves. Rien n'est impossible si le Bélier accepte les idées larges du Poissons et son sens de l'infini en toutes choses, et si le Poissons accepte la dimension bien terrestre et volcanique du Bélier. Le Bélier n'accordera pas beaucoup de repos au Poissons car il désirera qu'on s'occupe de lui, ce qui peut déranger le Poissons au milieu de ses pensées et finir par l'agacer. Le Bélier trouvera que le Poissons est distant... le Poissons réalisera que le Bélier est trop exigeant!

Ses relations avec les autres signes

 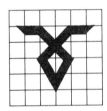

UN TAUREAU ET UN BÉLIER

Voilà la rencontre de deux paires de cornes qui ont besoin de s'ajuster; le Bélier va vite, le Taureau n'est pas pressé! Le Bélier passe d'une idée à l'autre et le Taureau a les idées fixes. Rien n'est impossible, le Taureau prendra de la vitesse, le Bélier se calmera et appréciera la stabilité du Taureau. Le Bélier se sentira rassuré. Le Taureau finira par comprendre que les champs d'action ne sont pas limités et qu'il y a toujours de la place pour une nouvelle conquête. Le Bélier trouvera parfois ennuyeuses les répétitions de gestes et les habitudes du Taureau, il a besoin d'excitation. Un Taureau amoureux est bien capable quand il l'aura décidé, naturellement, de se mettre à bouger si vite qu'il épatera le Bélier. Le Bélier, signe de feu, est de la dynamite express et le Taureau, un signe de terre, est solide et vous pouvez compter sur lui à partir du moment où il sait que vous l'aimez.

UN TAUREAU ET UN AUTRE TAUREAU

Deux paires de cornes, deux signes fixes, deux signes de terre, deux personnes pratiques, prudentes, qui prennent des habitudes et qui n'aiment pas en changer. Cela peut faire une belle paire comme ce peut être tout à fait trop calme... Ils pourront amasser de l'argent et même des richesses, se mettre à l'abri, se faire confiance dans leur gestion, bâtir sur du solide, le danger est de s'enliser sous l'effet de deux signes de terre. La terre non fertilisée se dessèche, durcit et n'a plus rien de productif.

Les habitudes finissent toujours par miner l'amour qui, de temps à autre, a besoin d'improvisation pour «pétiller» de nouveau. Je connais plusieurs couples de ce signe qui comptent vingt ans, quinze ans d'union. Ils sont d'agréable compagnie, seulement vous pouvez sentir qu'ils se sont repliés l'un sur l'autre, il n'y a pas de place pour l'imprévu ni pour la fantaisie. Leur vie est organisée, planifiée, sécuritaire. Et ils vous font comprendre subtilement que vous ne devez pas les déranger, du moins pas longtemps.

Ils se protègent tellement qu'ils en viennent à exclure le monde extérieur de leur vie. Ils se comprennent sans se parler. Et c'est le plus grand danger qui menace une paire de Taureaux, ils se donnent l'un à l'autre dans un parfait échange et à personne d'autre... il y manque la diversification de la communication. Toute menace à leur jumelage est repoussée. Au bout du compte, ça ne remplit pas une vie, sauf le compte en banque, et si un couple conserve l'habitude de ne rien partager avec autrui, un jour les deux seront isolés et ils se demanderont pourquoi ils sont aussi seuls.

Ces deux vibrations tendent fortement à ne vivre que pour se protéger l'un l'autre en excluant le reste de l'univers.

Je dois vous avouer que les constatations que j'ai faites là-dessus, sur ces couples taurins, donnent la vision de deux prisonniers: les portes sont ouvertes, ils pourraient vivre plus largement, mais la peur de changer de rythme de vie les effraie considérablement et vous vous rendez compte qu'ils n'ont pas beaucoup à vous apprendre. Les couples taurins qui fonctionnent bien sont ceux dont la différence d'âge des conjoints se situe entre sept et dix ans. Les planètes qui ont bougé dans le ciel leur font voir la vie sous des angles différents et ils peuvent alors apprendre beaucoup l'un de l'autre. Ce n'est pas une évolution facile que de vivre avec son propre signe: chacun est le miroir de l'autre, qualités et défauts inclus. Ils peuvent ajouter à ce qu'ils sont, mais parfois en rester là aussi. Le Taureau essaie la plupart du temps d'éviter le changement.

UN TAUREAU ET UN GÉMEAUX

Un signe de terre et un signe d'air qui s'attirent immanquablement. Le Taureau est fasciné par la mobilité du Gémeaux et le Gémeaux est rassuré par la stabilité du Taureau mais... ils trouvent difficilement un véritable terrain d'entente. Le Taureau vit d'émotions, de sensations, il flaire, ressent, pressent, s'étend sur les choses, prend le temps de les analyser, ou de les comptabiliser, selon le point de vue où on se place. Le Gémeaux raisonne. Il fuit souvent ses émotions ou s'aperçoit à peine qu'il est sous l'emprise d'une émotion. Il veut démontrer à tout prix son intelligence et les capacités de cette même intelligence. Il ne veut pas s'identifier à un animal, il s'élève au-dessus de ça!

Il ne leur sera pas difficile de s'aimer, mais peut-être pas pour très longtemps parce que les différences apparaîtront clairement peu de temps après la fréquentation. Le Taureau sait sans hésitation ce qu'il veut, le Gémeaux ne le sait pas rapidement, son esprit veut aller dans toutes les directions à la fois... Bien que le Taureau soit patient, il peut fort bien faire exception en face du Gémeaux et s'emporter contre ses inconstances ou ses contradictions. Le Gémeaux fait une promesse et le Taureau est certain qu'elle sera remplie...

Déception! Le Gémeaux, entre temps, a eu autre chose à faire! Quand un Taureau s'emporte, il vaut mieux s'éloigner, c'est alors un véritable tremblement de terre, et l'oiseau-Gémeaux ne saura plus sur quelle branche se percher, toutes seront violemment secouées! Il est souvent préférable qu'ils s'en tiennent à l'amitié plutôt qu'à l'amour. Le Gémeaux ne se passionne pas vraiment pour les gens, mais plutôt pour les idées des gens. Le Taureau se passionne pour une présence, un corps, un amant ou une maîtresse, et pas seulement à l'idée de l'amour. Il lui faut toucher.

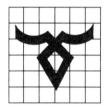 

UN TAUREAU ET UN CANCER

Ils peuvent faire un beau couple, comme on dit. Le Cancer étant un signe d'eau et le Taureau un signe de terre, l'eau vient fertiliser la terre. Quand il y a beaucoup d'eau et pas assez de terre, l'un dans l'autre ça fait de la boue aussi! Quand il y a de la terre et pas suffisamment d'eau, ça ne pousse qu'à demi! Le Cancer est un imaginatif sensible qui croit souvent que le seul fait de penser à ses rêves va les voir se réaliser. Le Taureau, pour sa part, est plus réaliste, il sait qu'il lui faut agir pour que les rêves se réalisent. Le Cancer espère au fond de lui-même que le Taureau aura deviné ses besoins; le Taureau, réaliste, espère que le Cancer va bientôt arrêter de rêver et passer à l'action!

Le Cancer est un signe cardinal, il donne des ordres sans même s'en rendre compte. Le Taureau est un signe fixe, il n'en prend pas! Petits accrochages possibles entre ces deux signes. Rien n'est parfait, mais ils peuvent réussir à faire une belle paire d'amoureux. Il faudra qu'ils consentent tous les deux à faire leur part. Le Taureau devra essayer de se mettre un peu à la place du Cancer et de deviner ses désirs; en retour, il obtiendra une affection illimitée. Le Cancer doit éviter de commander le Taureau et de croire que c'est ce dernier qui doit réaliser ses rêves, ne pas imaginer qu'il a deviné.

Il est d'ailleurs beaucoup trop occupé à ses réalisations. Ils ont généralement de bons rapports quand les deux ajustent leurs besoins chacun leur tour. Quand ils s'amourachent, leur union peut durer longtemps même si, à tout hasard, elle se détériorait. Pince de crabe est agrippée à la terre et à la fixité du Taureau. Et ce dont le Taureau a le plus peur, c'est du changement, au cas où ce serait pire ailleurs, au cas où il y perdrait. Le Taureau peut être silencieux et le Cancer a du mal à exprimer ses émotions, il en a tellement. Il faudra qu'ils s'en parlent s'ils veulent que leur union traverse le temps!

UN TAUREAU ET UN LION

Vous avez là deux spécimens extrêmement butés! Ils ont tous les deux raison, ils sont tous les deux fiers, ils ne prennent pas d'ordres et très peu de conseils, s'il vous plaît. Pour eux, tout est absolu, décidé. Il faudra beaucoup de sagesse de part et d'autre pour qu'ils puissent vivre heureux ensemble. Ils connaîtront plusieurs crises dans leur union et se demanderont fréquemment s'ils sont faits pour vivre ensemble. Ils en sont capables, rien n'est impossible. Si l'union ne peut durer, c'est qu'en tant que signes fixes, ils ne démordent pas ni l'un ni l'autre, et ils ont du mal à s'avouer, autant l'un que l'autre, qu'ils ont pu se tromper. Mais le temps jouant, les faisant réfléchir, les gardant ensemble, voilà qu'ils emboîtent le pas du côté de la sagesse, qu'ils se connaissent mieux, qualités et défauts inclus, et qu'ils en arrivent peut-être bien à admirer leur ténacité réciproque, leur sens de la continuité, leur passion, bien qu'ils s'écorchent de temps à autre parce que l'un et l'autre en réclament autant.

Quand le mot compromis fait partie de leur langage, l'entente est alors possible. Quand chacun accepte que la vision des choses, que leur point de vue soient différents, ça peut aller. Il leur arrive très souvent, plus qu'à d'autres associations, de se heurter, tout simplement parce que chacun a ses idées «fixes», que chacun a raison... et que ni l'un ni l'autre n'a tort! Surtout, n'allez jamais dire à un Lion que c'est de sa faute, il ne le supporte pas et, cher Lion, ne bousculez jamais un Taureau: il avance lentement et sûrement. Il ne peut prendre des décisions aussi rapidement que vous, ça ne relève pas de sa nature! Le Taureau est le signe du printemps et le Lion, le signe de l'été, ensemble ce peut être toujours la belle saison.

Si le Taureau accepte le narcissisme de notre Lion et si le Lion accepte les incertitudes du Taureau, si le Lion ne brûle pas la terre de ses rayons, les éléments de la terre germeront et fleuriront. Le Lion maintient son titre de chef supérieur! Le Taureau n'aura de l'admiration pour le Lion que si celui-ci est un véritable chef, non pas une apparence ou un éclair. Le Lion, pour garder le Taureau, devra, en retour, lui accorder des temps exclusifs pour lui refaire la cour, pour lui faire de nouvelles promesses quand les anciennes auront été accomplies. Quand la vibration du Soleil du Lion s'harmonisera avec celle de Vénus du Taureau, qu'il n'y aura plus entre les deux ce désir de se dépasser l'un l'autre et de vouloir être plus important l'un que l'autre, ils feront bon ménage.

UN TAUREAU ET UNE VIERGE

Voici un couple bien calme, deux signes de terre qui veulent la tranquillité, la paix, la sécurité. Leurs vibrations s'unissent et apportent effectivement le confort matériel. Ensemble, ils défendent mieux leurs intérêts. Ils n'ont pas peur de l'effort, ni l'un ni l'autre, pour se procurer ce dont ils ont besoin et ce qui leur fait envie. Mais... deux signes de terre... Pas d'eau... il y a risque de sécheresse. Pas d'air... on ne sait jamais quoi inventer pour se distraire au juste. Pas de feu... où est la passion qui anime les sentiments? Ils peuvent vivre ensemble longtemps, mais peuvent s'ennuyer si l'un et l'autre s'attendent pour se distraire, s'aiguiser.

L'attachement se fait immanquablement, mais l'union peut devenir monotone, ils prennent des habitudes jusqu'au jour où ils se rendent compte qu'ils possèdent, mais ne font rien de plus que de contempler leurs biens! Ces deux signes de terre sont bien timides quand il est question de partager leurs sentiments, de se dire ce qu'ils pensent d'eux, de l'un et de l'autre. Ils sont aussi très sensibles et évitent de froisser cette sensibilité tout aussi aiguë chez l'un que chez l'autre.

La Vierge entamera la conversation. Si le Taureau se sent trop pris, il peut se taire. La Vierge s'en irritera. Étant un signe double, ayant plus d'audace que le Taureau, elle se trouvera une porte de sortie et le Taureau pourrait bien rester seul. Face à la vibration de la Vierge, il n'ose pas se plaindre.

La Vierge, le plus souvent une personne intelligente, peut très bien expliquer par la raison le comportement du Taureau et, à certains moments se montrer froide pour l'impressionner. Si les deux vivent assez longtemps ensemble, après avoir traversé quelques orages ils auront du mal à se séparer. Le Taureau est attachant, il est patient, il aime aussi les fantaisies et l'audace de la Vierge. Il les admire. La Vierge, bien qu'elle soit plus mobile

25

que le Taureau, finit par admettre que cette stabilité et cette sécurité lui conviennent bien, et qu'elle ne pourra être mieux ailleurs et ainsi... la vie continue. Qui n'a pas de réajustements à faire dans sa vie de couple? Ces mêmes ajustements font partie de son évolution. Pour qu'ils puissent être vraiment heureux, pour qu'ils évitent de s'enliser dans la routine, ils doivent faire un effort, chacun à son tour, pour inventer un nouvel amusement, un nouveau loisir, un nouveau plaisir.

À tour de rôle, ils devront inventer la passion et se refaire des promesses. Et surtout, ils se communiqueront leurs sentiments pour éviter qu'ils ne s'enfoncent sous leurs deux signes de terre, comme on enterrerait l'amour parce qu'il est mort. Cette vie entre Taureau et Vierge peut être une véritable bénédiction. Il suffit d'un tout petit effort de la part de chacun.

 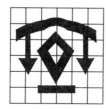

UN TAUREAU ET UNE BALANCE

Tous les deux sont des signes vénusiens. Le Taureau est un instinctif et la Balance, un être où le coeur et la raison sont intimement liés. Ils se rencontrent fréquemment. Ils aiment l'amour tous les deux. Pour le Taureau c'est une nourriture quotidienne, pour la Balance c'est le moyen de connaître quelqu'un jusqu'au bout! Le Taureau est un signe fixe qui ne reçoit pas d'ordres; la Balance, un signe cardinal qui en donne. Le premier est un signe de terre, la seconde est un signe d'air. L'air s'agite et rafraîchit la terre. L'air se fait violent et voilà le typhon qui dévaste la terre. La terre ne peut rien contre l'air, elle n'a pas d'arme, elle ne peut s'élever et arrêter le mouvement. L'air, lui, peut toujours quitter et aller au-dessus d'une autre terre.

La plupart du temps le Taureau sera plus amoureux de la Balance que celle-ci ne le sera de lui. Il aura du mal à l'exprimer et la Balance aura du mal à deviner. Elle survole la terre et ne sait même pas qu'elle froisse l'arbre ou la fleur! Le Taureau suit son instinct quand il aime, il ne cherche pas la raison, il aime dans la totalité. La Balance a tout inspecté dans les détails, elle fait le bilan; d'un côté, elle aime ce qu'il dit et ce qu'il fait, de l'autre, il peut faire encore plus et mieux. La Balance demande aux êtres de se perfectionner, elle peut indiquer une route qu'elle ne prendrait même pas, elle a analysé.

Elle n'est pas non plus démunie d'instinct, mais elle ne voudrait surtout pas être un animal. Le Taureau l'est, lui, et ça ne le gêne pas. Ce genre de couple fonctionne bien quand chacun est occupé à un travail, à une création. Il s'agit de deux signes vénusiens, l'art peut les lier. Si l'art est absent il y a un risque que l'air monte plus haut et que le sol s'enfonce de son côté. Le Taureau est attaché à ses enfants et peut sacrifier son propre bonheur pour rester près d'eux si la liaison s'effrite. La Balance, si l'amour s'absente, hésitera moins longtemps à demander une séparation.

Plus autonome, elle peut délier son coeur de sa raison, agir avec l'un à tel moment et avec l'autre dans l'heure qui suit. Le prolongement d'une liaison entre eux est possible, mais le Taureau ne devra pas s'accrocher à la Balance qui ne supporte pas la sensation d'étouffement ou d'une surveillance trop étroite. Il devra respecter la liberté d'action que la Balance prend socialement car elle en a besoin pour vivre heureuse. La Balance devra, en revanche, éviter de froisser la sensibilité du Taureau, de l'accuser de lenteur, par exemple, car il n'est pas pressé. Il a besoin qu'on le rassure pour agir et non qu'on lui indique ses faiblesses dont il est bien conscient.

Il veut qu'on l'encourage parce qu'on l'aime. Il a besoin qu'on lui donne de nouvelles preuves d'amour, et la Balance doit y voir, même si elle n'a aucun doute sur l'amour qu'elle lui porte. Le Taureau acceptera les initiatives de la Balance — elle en prend plusieurs — ne les interprétera pas comme si elle se désintéressait de lui. La Balance devra comprendre que le Taureau se laisse parfois prendre par des phases lunaires négatives, et ce dernier devra admettre que la Balance a besoin périodiquement de se retrouver seule et de faire le point. Il devra accepter cette attitude comme une méditation et non comme un éloignement. Ils peuvent s'aimer longtemps, tant et aussi longtemps qu'ils ont des objectifs, différents il est vrai, mais où chacun encourage l'autre à les atteindre. S'ils partagent ensemble un goût artistique, ils peuvent alors atteindre un idéal amoureux.

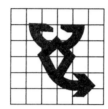

UN TAUREAU ET UN SCORPION

Ils s'opposent ou se complètent. Ils s'aiment instantanément ou se séparent immédiatement. Ils peuvent aussi rester ensemble, s'aimer ou se tourmenter sans cesse, mais ne peuvent éviter de se croiser fréquemment, la vie les place l'un en face de l'autre. Le Scorpion aimerait bien ressembler au Taureau, moins s'en faire, avoir plus d'espoir, voir les choses en plus colorées. Le Taureau, lui, aimerait bien avoir l'agressivité silencieuse du Scorpion, faire le mur, pour se défendre, quand il y a risque de blessures.

Le Taureau aimerait bien pouvoir voir plus loin dans sa vie, comme le fait le Scorpion qui touche presque l'invisible, il le sent mais n'arrive pas à être certain que ça existe! Signe de terre, le Taureau veut une preuve. Signe d'eau, le Scorpion ressent et n'a pas besoin de démonstrations physiques, le surnaturel est là, comme n'importe quel autre objet. Deux signes fixes, et quand ils s'accordent leur confiance mutuelle c'est pour toujours et à jamais. Le Taureau arrive comme un printemps dans l'automne du Scorpion. Le Scorpion prévient le Taureau que parfois, au printemps, il y a des gels surprises mais que rien ne meurt sauf pour un instant.

Le Taureau est un signe vénusien, il aime la chair, la sexualité, et le Scorpion est pour lui ce symbole. Il voit la surface, la beauté de la chose, alors que le Scorpion y pénètre profondément, juste pour voir si cette beauté est réelle ou fictive, et il ne se laisse plus séduire par les apparences. Il n'a pas cette naïveté. Le Taureau est naïf et a parfois du mal à voir au-delà de la chair, au-delà de ses yeux. Le Scorpion peut facilement abuser du Taureau, il le fascine, l'émeut, il peut aussi l'effrayer, le garder dans la peur comme il peut l'aider à devenir plus fort et plus sûr de lui. Ces deux signes s'opposent, c'est le choc des antagonistes, ou la parfaite complémentarité, ils ne sont jamais indifférents l'un à l'autre. Ils sont tenaces tous les deux, ils ont des idées bien à eux, sont fortement individualistes.

Le Taureau dit «j'ai», et le Scorpion, «nous avons». Le Taureau aura tendance à vouloir prendre, le Scorpion lui donnera car il dit «nous». Si le Taureau devenait trop gourmand, le Scorpion pourrait se retourner, aller ailleurs où on est davantage prêt à partager un «nous». Dans une vie commune le Taureau peut trouver que le Scorpion partage avec trop de gens et ne lui donne pas assez d'attentions. Le Scorpion considérera l'attitude du Taureau comme de l'égocentrisme alors qu'en fait le Taureau a simplement peur de se retrouver seul.

Le Taureau peut indiquer au Scorpion un coin plein de verdure et de soleil. Le Scorpion ouvre la route et démontre au Taureau qu'on peut traverser le désert avec rien et tout faire à partir de rien, l'esprit et la volonté peuvent tout. Le Taureau lui offrira le plaisir de Vénus pour qu'il puisse se détendre et se reposer.

UN TAUREAU ET UN SAGITTAIRE

Voici une liaison dangereuse, mais comme je le dis toujours, rien n'est impossible. Le Sagittaire sera séduit par Vénus du Taureau, il se sentira apaisé en sa présence. Il sait aussi qu'il ne se déplace que lentement et qu'il peut toujours le rattraper si, lui, le Sagittaire, a fait un détour sur la route. Le centaure est plus audacieux, il voit grand et plus loin. Il ne craint qu'une chose, ne pas avoir assez de plaisir, ne pas pouvoir explorer, ne plus bouger... Le Taureau n'est pas pressé, il a tout son temps, et chaque minute mérite qu'on la goûte. Le printemps s'éveille. Pour le Sagittaire, l'hiver est arrivé, il lui faut bouger pour ne pas geler.

Le Taureau exprime ses sentiments en y réfléchissant à deux fois. Il ne veut pas commettre d'erreur parce qu'il ne veut pas non plus revenir sur une parole donnée. Le Sagittaire est vif, il dit ce qu'il pense à l'instant, et ça ne le gêne nullement de dire, quelques instants plus tard, qu'il pense autrement, ce qui bouleverse le Taureau qui croit en l'immuabilité des sentiments. Pour un Taureau, aimer c'est pour la vie. Pour un Sagittaire, c'est pour tout de suite!

Le Sagittaire peut ainsi blesser la sensibilité du Taureau. Il a besoin d'action et a du mal à comprendre que ce dernier le désire aussi, mais avec autant de lenteur et parfois de recul. Le Taureau n'arrive pas à bien saisir le détachement du Sagittaire, ou son non-attachement à la tradition, à certaines règles de vie. S'ils ont des enfants, le Taureau risque de les avoir seul à sa charge. Le Sagittaire n'a pas le temps, il lui faut voir à tout, tout explorer, transmettre les messages qu'il apprend ailleurs, au loin.

Le Taureau pourrait l'attendre, comme l'hiver qui attend son printemps, mais si les saisons passent en se multipliant, un jour, le Taureau n'y sera plus, le Sagittaire ne le retrouvera pas. Le Sagittaire, bien qu'attaché aux enfants, ne ressent pas le besoin d'être tout près d'eux. Il les aime et cela devrait suffire! Le Taureau ne le voit pas de cet oeil, et la stabilité pour lui est importante.

En fait, c'est une aventure risquée pour les deux. Là où ils se sentent le mieux ensemble, c'est pour la fête et les occasions de plaisir. Dans un quotidien qui contraint à des obligations, ils ne s'entendent pas toujours très bien; le Sagittaire dit qu'il faut qu'il parte et le Taureau dit qu'il faut qu'il reste, et chacun est tenace, chacun gagnera de son côté... le plus souvent le Taureau sera la victime. Il souffre quand il est délaissé. Le Sagittaire, ce signe de feu, se laissera emballer par une nouveauté, un nouvel attrait. Il n'oubliera pas tout, mais presque, alors que le Taureau, lui, n'aura absolument rien oublié!

UN TAUREAU ET UN CAPRICORNE

Union durable la plupart du temps, l'exception fait la règle naturellement. Le Capricorne est un signe d'hiver, la terre gelée. Le Taureau est un signe de printemps, une promesse de renaissance. Le premier est prudent, peureux, parfois même angoissé. L'autre, en face de lui, se risque, il sourit, il croit que la vie renaît. Leurs vibrations s'unissent à l'amour plus facilement. Il s'agit ici de deux signes de terre, de deux personnes qui aiment la stabilité. Le Capricorne est un vieux sage qui rajeunit en vieillissant, alors que le Taureau vieillit en devenant sage. Ensemble, ils pourront éloigner toutes leurs peurs, se rassurer sur leurs forces, réaliser une entreprise solide.

Rien n'est totalement parfait au début de la formation de ce couple: le Capricorne craint de voir s'éloigner le Taureau, il le trouve léger, plus sociable et plus audacieux qu'il ne l'est lui-même, il aimera sa fantaisie, Vénus l'anime et le séduit. Le Taureau s'en éprendra et s'y attachera. Signe fixe, il s'installe, et voilà que c'est maintenant au tour du Taureau d'avoir peur que le Capricorne ne s'échappe parce qu'il a aussi appris à vivre au rythme de l'éclosion du printemps. Ces deux signes de terre s'imprègnent si bien l'un l'autre qu'ils peuvent en arriver à se demander, à certains moments, lequel est l'hiver et lequel est le printemps.

Si leurs terres, l'une trop sèche et l'autre glacée, n'arrivaient pas à s'humecter, elle pourraient alors se tendre au point de se fendre! Un danger guette ces deux signes de terre: les habitudes. Ils sont si bien ensemble que, sans s'en rendre compte, ils peuvent se couper de leurs amis, se priver des loisirs différents qu'ils aimaient juste pour ne pas manquer l'un à l'autre. Et puis, plus rien n'est commun entre eux. Ils n'ont plus rien à se raconter... ils s'ennuient! Leur tranquillité est devenue un pacte, une constitution, une loi. Tout ce qui pourrait menacer leur union est éloigné. Le Taureau, symbole vénusien, sera le premier à réagir. Le printemps grouille, et la montagne tremble!

 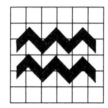

UN TAUREAU ET UN VERSEAU

Le Taureau est signe de terre et le Verseau est signe d'air et des grands espaces sidéraux! L'un aime la stabilité et l'autre ne la supporte pas, ou si peu, le temps d'un éclair. Le Verseau reprochera au Taureau sa peur devant l'inconnu et celui-ci sera scandalisé par l'impudeur de l'autre face à tout ce qui est permis, ou presque. La Vénus du Taureau rend le Verseau bien curieux, l'attire, mais en même temps il se demande comment il peut fonctionner dans son monde étroit. Le Taureau, lui, se demande comment le Verseau fait pour vivre au milieu des gens sans s'essouffler. Il est sensible et beaucoup plus qu'il ne le laisse paraître.

Le Verseau refuse de se laisser aller aux sentiments, la logique et la raison doivent primer. Pour lui, le sentiment est une faiblesse tandis que, pour le Taureau, c'est une nécessité que de s'épancher. Quand un Taureau voit une fleur, il la respire, admire sa beauté, l'éclat de ses couleurs, alors qu'un Verseau, lorsqu'il en voit une, se demande par quel chemin elle a pu passer pour éclore ainsi et quelle est son utilité sur terre. Nourriture pour abeilles? Ingrédient qui sert à faire un parfum? Un médicament peut-être? Comment se reproduit-elle?

En fait, une fois que le Verseau a vu la fleur, il se préoccupe de son devenir, tandis que le Taureau la voit dans son présent, dans son instant de vie. Nous avons donc là deux visions de la vie totalement différentes. Il leur faudra de nombreux ajustements s'ils veulent vivre ensemble. Le Taureau devra accepter les amis du Verseau et consentir à suivre ce dernier quand il se fait courant d'air. Le Verseau devra se montrer plus romantique et ne pas se sentir obligé d'expliquer au Taureau le devenir du bouquet de fleurs. Il est un amoureux de la vérité toute nue, alors que le Taureau est si sensible que, froissé ou blessé, il fige, s'immobilise, plonge en lui-même jusqu'à avoir l'air de bouder. Le Verseau, une fois qu'il a dit ce qu'il avait à dire, ne se formalise plus, ne se pose plus de questions.

Le Taureau, de son côté, peut mijoter un mot, une phrase qui l'a atteint durant des jours, voire des semaines ou des mois. Le Verseau ne supportera pas ce silence et provoquera le Taureau, qui s'en ira, non sans peine, parce qu'il se sentira rejeté, tandis que le Verseau réagira vivement en s'intéressant à tout autre chose. Il ne s'accroche pas au passé, seul l'avenir l'intéresse. S'ils veulent vivre ensemble, une fois l'effet de séduction passé, le Verseau devra s'arrêter et se demander ce qui ferait plaisir au Taureau. Le Taureau, lui, ne devra pas s'accrocher désespérément et attendre, il n'obtiendrait que mépris.

Pour garder le Verseau, il devra l'épater, se dépasser sans cesse lui-même et surtout ne pas bouder! Ne jamais dépendre du Verseau... ce qui est bien difficile pour un Taureau pour qui l'amour fait perdre la raison. Le Verseau vibre mais ne s'arrête que lorsqu'il ressent un choc, parfois quand le Taureau est parti. Un Taureau qui ferme sa porte a bien du mal à revenir en arrière. Un Verseau est un signe d'air, l'air circule dans toutes les directions, il peut aller et venir sans faire beaucoup d'efforts. Il pourrait retourner chercher le Taureau, mais il faudra qu'il apporte une preuve solide de son amour et la garantie de stabilité. Il faut souhaiter bonne chance à ce couple si Taureau et Verseau tiennent à prendre ensemble la route de l'amour et du bonheur.

 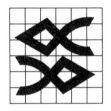

UN TAUREAU ET
UN POISSONS

C'est tout d'abord l'attrait sexuel qui les lie. Le Poissons est un signe d'eau, symbole de l'océan infini et des profondeurs insondables. Le Taureau est un signe de terre, sa vision de la vie est claire, dessinée, nette, son parcours est tracé. Ils se comprennent difficilement, une belle amitié peut les lier, une passion peut se déclarer. Le Taureau voudra que ça dure toujours, le Poissons aussi, seulement il supportera mal que le Taureau l'enchaîne à des habitudes. Le Poissons a trop besoin de mouvement pour s'assouvir longtemps au même endroit! Puissant signe d'eau, il est l'océan, la mer alors que le territoire du Taureau, signe de terre, est délimité. Si vous jetez l'océan dans un pâturage, vous aurez non seulement une inondation, mais la disparition totale de cette terre, l'eau l'envahira totalement.

Le Taureau, face au Poissons, peut développer des complexes, se sentir amoindri, inconsciemment et le Poissons peut se détourner du Taureau pour aller voir ailleurs... juste pour voir, il a l'intention de revenir, il revient. Le Taureau est heureux, mais chaque fois que le Poissons disparaît de sa vie, il se meurt d'amour... Ce petit jeu peut durer longtemps... jusqu'au jour où le Taureau n'en peut plus et il claque la porte au nez du Poissons. Ce dernier peut souffrir de blesser l'autre, mais il a du mal à se restreindre et, s'il le faisait, peut-être serait-il si malheureux que le Taureau le rejetterait à son tour.

Un Poissons malheureux s'enferme dans le rêve, un rêve souvent provoqué par l'alcool ou la drogue. Un Taureau réaliste ne supporterait pas un Poissons à l'esprit inconsistant, aux actes irréguliers. À peu près tous les astrologues sont d'accord pour dire que ces deux-là sont parfaits ensemble, quelques-uns ont réussi, mais ils sont peu nombreux. Le Taureau est un signe fixe, il fixe donc les règles du jeu. Le Poissons est un signe double, libre comme l'océan, il n'observe aucune règle, ça le limiterait dans sa création, dans sa vie.

Pour qu'ils puissent vivre ensemble, le Taureau ne devra fixer aucune loi, laisser vivre sans poser de questions. Le Poissons ressent les contraintes, il devine ce qu'il considère comme des pièges et ne s'y laisse pas prendre facilement ou, s'il s'y laisse prendre, il en ressort plus aisément qu'un Taureau ne sait le faire. Si le Poissons veut garder le Taureau, il devra s'efforcer de lui faire de temps à autre un rapport de ses activités. Il devra lui faire des promesses et les tenir à court terme. Le Poissons, bien que sensible, ne se gêne nullement pour dire ce qu'il pense. Il a le don de plonger dans le coeur et dans l'âme d'autrui, de pincer ou de caresser.

Le Taureau supporte mal la douleur, elle est plus vive que chez beaucoup d'autres signes. Aussi le Poissons devra-t-il mesurer la portée de ses mots, de ses gestes. Une blessure est longue à guérir chez le Taureau. Le Poissons vit à la fois avec toutes les blessures et les plaisirs de cet univers, il ne sépare pas les choses. Le Taureau le fait, lui. Pour le Poissons, quand il y a bonheur, il y a douleur quelque part, cela fait partie de sa nature. Pour le Taureau, le bonheur est une conception claire, exempte de douleur, du moins c'est ainsi qu'il veut le vivre. Il ne peut concevoir l'homogénéité entre bonheur et douleur. Pour le Poissons, c'est un aliment bien naturel, tout comme l'océan se nourrit de l'océan avec sa beauté et ses risques.

Ses relations avec les autres signes

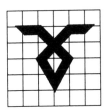

UN GÉMEAUX ET UN BÉLIER

Ils sympathisent immédiatement. Le contraire est rare. Le Bélier est un signe de feu et le Gémeaux, un signe d'air; l'air attise le feu, le feu réchauffe l'air. Ils discuteront beaucoup. Les deux s'accrochent les pieds dans les détails et voilà le drame, des portes qui claquent. Le Gémeaux ira prendre l'air, le Bélier escaladera une montagne. Ils ne savaient pas, mais les voilà de nouveau sur la même montagne.

Le Bélier a fait des détours, mais il est allé vite: le Gémeaux a plané, et de loin, sans le laisser voir, il suivait le Bélier! Deux vrais enfants d'école... ils aiment bien d'ailleurs faire ensemble l'école buissonnière! Ils s'attacheront l'un à l'autre, et plus qu'ils ne voudront se l'avouer mutuellement. Les voilà tout à coup au bord d'une séparation. Le Bélier souffre, simule l'indépendance; le Gémeaux, qui a tout observé du comportement de cette pseudo-libération, aura le mot précis et le sourire coquin qui feront que le Bélier, ne pouvant résister à tant de charmes, se précipitera pour l'embrasser et voir de plus près le clin d'oeil complice.

UN GÉMEAUX ET UN TAUREAU

Un signe de terre et un signe d'air qui s'attirent immanquablement. Le Taureau est fasciné par la mobilité du Gémeaux et le Gémeaux est rassuré par la stabilité du Taureau, mais... ils trouvent difficilement un véritable terrain d'entente. Le Taureau vit d'émotions, de sensations, il flaire, ressent, pressent, s'étend sur les choses, prend le temps de les analyser, ou de les comptabiliser, selon le point de vue où on se place. Le Gémeaux raisonne. Il fuit souvent ses émotions ou s'aperçoit à peine qu'il est sous l'emprise d'une émotion.

Il veut démontrer à tout prix son intelligence et les capacités de cette même intelligence. Il ne veut pas s'identifier à un animal, il s'élève au-dessus de ça! Il ne leur sera pas difficile de s'aimer, mais peut-être pas pour très longtemps parce que les différences apparaîtront clairement peu de temps après la fréquentation. Le Taureau sait sans hésitation ce qu'il veut, le Gémeaux ne le sait pas rapidement, son esprit veut aller dans toutes les directions à la fois...

Bien que le Taureau soit patient, il peut fort bien faire exception en face du Gémeaux et s'emporter contre ses inconstances ou ses contradictions. Le Gémeaux fait une promesse et le Taureau est certain qu'elle sera remplie... Déception! Le Gémeaux, entre temps, a eu autre chose à faire! Quand un Taureau s'emporte il vaut mieux s'éloigner, c'est alors un véritable tremblement de terre, et l'oiseau-Gémeaux ne saura plus sur quelle branche se percher, toutes seront violemment secouées! Il est souvent préférable qu'ils s'en tiennent à l'amitié plutôt qu'à l'amour. Le Gémeaux ne se passionne pas vraiment pour les gens, mais plutôt pour les idées des gens. Le Taureau se passionne pour une présence, un corps, un amant ou une maîtresse, et pas seulement à l'idée de l'amour. Il lui faut toucher.

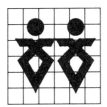 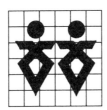

UN GÉMEAUX ET UN AUTRE GÉMEAUX

C'est plus sympathique qu'on ne pourrait le croire! Deux signes d'air, tous deux régis par Mercure, l'intelligence, la parole, la logique... le mouvement, les nombreux déplacements... Non, ils ne s'ennuieront pas ensemble. Ils aiment sortir, rencontrer des amis, rire, discuter, ils sont à peu près toujours d'accord là-dessus. Ils oublieront, bien sûr, de faire les courses demandées par l'un et par l'autre.

Vous assistez à une scène, les grands, les gros mots, puis voilà qu'on annonce un programme intéressant à la télé... ils ne pensent plus à la course, il y a quelque chose de plus intéressant au programme. Ils peuvent se bouder l'un l'autre sur un détail dont ils discuteront beaucoup, et il est probable qu'au cours de la discussion ils finiront pas passer complètement par-dessus le sujet et rien ne sera réglé jusqu'à la prochaine fois. L'un et l'autre seront parfois choqués de l'un et de l'autre à cause des promesses non tenues.

Ils pourront vivre ensemble et s'attacher profondément l'un à l'autre, mais, tout de même, un grave danger les menace. Étant donné qu'ils aiment sortir, si le travail de l'un, ou ses loisirs ou ses amis l'éloignent trop souvent et trop longtemps de l'autre, celui qui attend ne tardera pas à faire la même chose! Voilà qu'ils ne sont plus aux mêmes heures, qu'ils ont des amis si différents que leur vie ressemble à un véritable chantier de construction où rien ne se termine. S'ils veulent vivre ensemble longtemps et s'aimer, ils doivent s'efforcer d'avoir quelques activités en commun, les mêmes amis aussi; ainsi ils pourront partager quelque chose et en parler! Ils doivent également chercher à préserver leur intimité et ne pas laisser leurs amis y pénétrer car ils s'y perdraient, trop attirés qu'ils sont l'un et l'autre par la vie en société.

Ce sont deux grands adolescents qui ont continuellement besoin de vivre des expériences... qui vont à la même école. Si l'un rate l'examen et ne peut suivre l'autre dans ses classes supérieures, l'échec de l'union n'est plus loin. Il n'est jamais facile de vivre avec son jumeau astrologique, c'est le miroir de l'un et de l'autre. C'est aussi le moment idéal où deux êtres peuvent se perfectionner mutuellement quand ils se rendent compte que le même défaut les rapproche. Quand on peut aussi s'admirer mutuellement, c'est s'encourager à devenir grand!

UN GÉMEAUX ET UN CANCER

Ils ne sont pas très vieux sur la roue du zodiaque, le Gémeaux est le troisième signe, un enfant, le Cancer, le quatrième, un enfant aussi, mais juste un peu plus grand. Ils font bon ménage malgré que l'air du Gémeaux soit en haut et l'eau du Cancer, en bas. Regardons autrement: le Gémeaux est régi par Mercure, la parole, le mouvement, la logique, l'esprit en perpétuelle cogitation, alors que le Cancer est régi par la Lune, l'imagination, qui agite son esprit, le pousse à parler. Le Cancer ressent d'abord et discute ensuite. Le Gémeaux a déjà entamé le sujet, mais le Cancer ressent et voilà que le Gémeaux, après trois mots, vient de donner un coup de fouet à l'imagination du Cancer! Ces deux-là sont changeants: Mercure du Gémeaux qui aime le mouvement, le déplacement, qu'il soit physique ou mental, et la Lune du Cancer, qui peut rire ou pleurer ou faire les deux à la fois, suscite chez le Gémeaux un tas de questions qu'il soumet à son analyse. Pour le Gémeaux, le Cancer est un beau sujet d'observation puisqu'il est inégal dans ses humeurs. Et pour le Cancer, le Gémeaux est un être étonnant de par ses connaissances qu'il puise ici et là à la manière du journaliste.

Ainsi, notre Cancer de la Lune est au courant de ce qui se passe à l'échelle mondiale sans avoir à se déplacer. Ils s'attacheront amoureusement durant toute leur lune de miel... Le Cancer est sensible, susceptible même, il remarque ce qu'on fait pour lui, ce qu'on lui donne. Le Gémeaux, lui, est si occupé qu'il oublie de donner! Le Cancer attend, ses pinces de crabe tentent de s'accrocher au Gémeaux, mais comment pourrait-il faire pour retenir de l'air, ça glisse entre les pinces? Et le voilà déçu, il pensait pouvoir retenir le Gémeaux.

Il a cru qu'il suffisait pour ce faire de rire de ses bons mots, de l'écouter, de s'intéresser à ce qu'il faisait. Si le Cancer n'a pas pu apprendre quoi que ce soit de neuf au Gémeaux, il sera reparti à tire-d'aile chercher d'autres informations. Pendant longtemps le Gémeaux pourra aller et venir, partir et revenir vers le Cancer, car chaque fois qu'il revient, le Cancer est heureux, soulagé, on ne l'a pas quitté et le Gémeaux lui raconte des tas de choses que le Cancer avait imaginées et sans croire à leur réalité. Le Gémeaux le lui confirme. L'amour entre eux ressemble plus à une entente qu'à une passion.

Ils peuvent faire bon ménage parce que tous deux aiment l'animation et le changement, chacun à sa manière. Le Gémeaux est plus rapide, et le Cancer reste fidèle à l'accord, soit se laisser distraire sans qu'on l'oblige brutalement à accepter une nouvelle idée ou un nouveau concept. Le Gémeaux a des opinions, mais il n'oblige personne à les adopter.

De toute manière, il donnera à l'autre le temps de réfléchir à ce qu'il vient d'énoncer mais, ô surprise! deux semaines après il arrive avec une toute nouvelle idée qui fait sourire le Cancer, qui, encore une fois, pourra rêver à la Lune! Ainsi leur vie se lie, l'attachement se crée et les maintient souvent ensemble, et pour longtemps. Quelques-uns se séparent aussi, le Cancer n'en pouvant plus du manque d'attention du partenaire, de ses sorties rapides, de ses rentrées tardives et de son trop d'emballement intellectuel sans la touche émotionnelle! Un Gémeaux peut se lasser de l'amour quasi contemplatif que le Cancer lui porte. Ce dernier est trop silencieux pour lui, il ne peut pas deviner! Le Gémeaux n'a pas pu discuter. Selon lui, le Cancer avait la larme à l'oeil trop facile. Il s'en faisait pour un rien! Chacun, sur la roue du zodiaque, a sa propre perception de l'amour, de l'affection, de l'attachement.

Certaines planètes dans leur ciel natal favorisent leurs rapports, d'autres, leurs départs! Finalement, on peut essayer de dire que tel signe va mieux avec tel autre, et ce n'est pas faux. En fait, le jumelage entre deux signes dépend surtout de leurs thèmes astrologiques réciproques. Je connais des tas de signes dont on dit qu'ils ne se conviennent pas et qui fonctionnent à merveille, comme j'ai connu des couples qu'on disait compatibles et qui se sont séparés! Comme le dit mon bon ami le philosophe Bernard Cantin, rien n'est coulé dans le ciment!

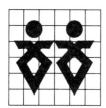 

UN GÉMEAUX ET UN LION

Ils sont d'excellents collaborateurs! L'air et le feu! Soufflez l'air sur le feu et le feu s'élève, c'est bien connu, et le feu qui s'élève réchauffe l'air à son tour. Le seul danger, c'est que le vent souffle trop fort. Le feu s'éparpille alors et provoque un incendie, ou il y a tellement de feu dans l'air que celui-ci devient irrespirable. Voilà pour la composition chimique, et ça vous donne une petite idée de leurs affinités! Avec le feu on obtient un air chaud et confortable, et avec l'air on a une brise qui est appréciée quand il fait chaud! Le Gémeaux est le symbole de l'esprit et le Lion, celui d'une force de la nature elle-même puisqu'il relève du Soleil dont on ne peut se passer. Privés de lumière, les humains n'y résisteraient pas longtemps, ils en perdraient l'esprit. S'il y a un combat entre les deux, qui gagnera croyez-vous? Le Lion, naturellement! Sa confiance en lui est telle qu'on ne peut le déloger de son trône. L'esprit du Gémeaux peut devenir hésitant en face de la certitude de ce signe fixe qu'est le Lion et en même temps le Lion ne fera pas exprès pour tourmenter le Gémeaux, pressentant que ce dernier est plus fragile qu'il n'en a l'air avec toute sa connaissance.

D'un coup de patte, il tranche l'affaire! Et voilà le Gémeaux aux prises avec un choix à faire, ou plus de choix du tout. Le Gémeaux est un signe double, il veut généralement aller à deux endroits à la fois et faire deux choses en même temps. Le Lion est un signe fixe, et quand il a une idée il la poursuit jusqu'au bout et rien ne l'arrête! Le plus souvent, ils en viennent tous deux à un respect mutuel.

Le Gémeaux donne ses idées et le Lion les fait exécuter rapidement et efficacement, et il est alors reconnaissant de ce qu'on lui apporte. Il sait très bien dire merci au Gémeaux en lui tenant une conversation telle qu'il les aime et en le rassurant de la permanence de sa protection. En amour, il fait tout naturellement plaisir au Lion de protéger le Gémeaux, il le devine.

Le Lion est un signe animal, chez lui l'instinct est puissant, et, sous un signe de feu, l'intuition lui vient spontanément, qu'il s'agisse d'un danger appréhendé, de minimiser des dégâts ou d'attraper une grosse prime. Le Gémeaux aura intérêt à suivre le Lion, à se fier à son flair, car il n'est pas non plus démuni de logique, il sait discerner les bonnes occasions et en profiter. Il peut aider le Gémeaux à s'orienter dans une seule direction en lui redonnant confiance.

Le Gémeaux, ce signe double qui a toujours envie de partir à la recherche d'une nouvelle connaissance, sera fasciné par l'attention, le sens des responsabilités, le sens de la continuité du Lion, et quand il tente de s'éloigner, il ne s'absente pas trop longtemps, il revient vers la certitude de l'avenir et l'espoir sans cesse renouvelé du Lion. Rien n'est parfait. Il arrive que le Lion ne puisse supporter l'inconstance du Gémeaux et son manque d'assiduité, tout comme il arrive que le Gémeaux ne puisse plus supporter le cadre rigide du Lion, ni sa routine. Les manies de ce dernier, bien que royales, n'en sont pas moins répétitives! Le Lion est un signe fixe, qui aime bien retrouver ses choses à la place même où il les avait laissées, et il n'aime pas qu'on vienne «fouiller» dans ses affaires sans sa permission, ce qu'un Gémeaux peut être tenté de faire, par curiosité! Pour qu'ils puissent s'aimer longtemps, le Lion se fera plus souple et plus compréhensif face au besoin de renouvellement du Gémeaux. Il devra accepter ses amis, les fêtes où il est invité, participer à son environnement. Le Gémeaux, quant à lui, devra se faire plus tendre, plus attentionné, plus romantique et plus assidu dans sa cour, car le Lion aime bien qu'on lui rende hommage et qu'on lui répète qu'on tient à lui. C'est parfois tout ce dont il a besoin pour ne jamais quitter!

UN GÉMEAUX ET UNE VIERGE

Voici deux signes doubles, ce qui fait un couple formé de «quatre» personnes au départ; deux signes régis par la planète Mercure, symbole de logique, d'intelligence, de rationalité. Mercure, dans le Gémeaux, est dans un signe d'air, pas toujours pratique, mais toujours intéressant et souvent rénovateur par ses idées. Mercure, dans la Vierge, est un signe de terre, toujours pratique, mais parfois trop conservateur, les idées étant plus lentes à se développer, par prudence.

Ils peuvent donc être agaçants l'un pour l'autre quand vient l'heure de la discussion. Le Gémeaux dit: tout de suite, et la Vierge dit: attends, il faut analyser la situation jusqu'au bout, sérieusement, et surtout ne pas y perdre un sou! Le Gémeaux non plus n'a pas envie de perdre, mais il peut se permettre quelques risques. En fait, il est généralement plus optimiste, plus naïf aussi que la Vierge, qui, elle, peut se tourmenter longtemps pour un détail tandis que, pour le même détail, le Gémeaux a déjà fait son exposé et son explosion! Rien n'est parfait et tout est possible: ils peuvent bien passer toute une vie à discuter. Le Gémeaux sera finalement ébloui par les capacités d'action et d'organisation de la Vierge. Celle-ci se sentira séduite par le charme léger et non envahissant du Gémeaux, car elle est une fine observatrice. Si elle ne tombe pas dans la critique, mais plutôt dans l'éloge, elle peut trouver continuellement des qualités à rajouter à son Gémeaux.

Le Gémeaux devra surveiller son vocabulaire, souvent si direct qu'il n'en a pas mesuré la portée et il blesse la Vierge qui est plus susceptible que lui, qui a aussi meilleure mémoire et est plus rancunière. Son processus d'analyse plus lent et plus complexe fait qu'elle est tourmentée. Le Gémeaux, lui, trouve sa solution dans une autre action plus intéressante que celle qui l'a dérangé! La Vierge peut en être surprise, saisie, mais elle peut y prendre une leçon, celle de ne pas s'en faire pour des vétilles! Et le Gémeaux peut, de son côté, développer la capacité de mesurer à plus long terme plutôt que de voir le bout de son nez et de le suivre!

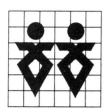 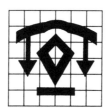

UN GÉMEAUX ET UNE BALANCE

Deux signes d'air, ils se fascinent l'un l'autre par leur facilité réciproque d'entrer en contact avec les gens, qu'importent les situations. Socialement, ils sont faits pour s'entendre. Ils se stimulent l'un l'autre dans leur créativité et s'encouragent à aller jusqu'au bout. La Balance est beaucoup plus tenace que le Gémeaux, mais celui-ci est souvent beaucoup plus astucieux que l'autre pour obtenir des faveurs, des prix spéciaux, pour marchander; il est aussi moins orgueilleux que la Balance et, souvent, ce qui compte pour lui c'est d'obtenir selon son désir. Jamais Balance ne s'abaissera, ne se ridiculisera ou concédera si elle considère que les choses doivent être ainsi, tandis que le Gémeaux ne se gêne nullement pour faire quelques pirouettes afin d'amadouer son client, par exemple! Ils font une bonne paire d'associés; le Gémeaux trouve le client, et la Balance l'entretient pendant que l'autre est déjà parti faire du recrutement et qu'elle, elle prépare déjà le formulaire du futur engagement! En amour, on dit qu'ils sont faits pour aller ensemble, c'est à peu près ce que disent tous les livres d'astrologie.

Il est vrai qu'ils sont deux signes d'air, que les compatibilités sont grandes et que les chances de voir durer leur union sont bonnes, mais rien n'est parfait. La Balance pourrait trouver que la cour du Gémeaux est un peu trop légère et inconstante, que sa façon d'aimer frôle la dispersion. Elle sourit entre les dents quand elle le voit faire son charme; mais attention, elle peut mordre aussi et ça le Gémeaux ne s'y attend pas toujours. La Balance est tolérante envers lui, ses petites fugues, ses retards, elle les supporte jusqu'au jour où le vase déborde et le Gémeaux pourrait alors assister à une tornade, au pire ouragan jamais vu.

Ou il se case, ou il s'enfuit! C'est souvent une façon de procéder pour la Balance quand elle n'arrive plus à équilibrer ses plateaux et qu'il y a trop de courants d'air qui les font osciller sans cesse. Le Gémeaux ne se rend pas toujours compte du moment où il est attaché à l'autre; la Balance, de son côté, le sait vite, mais elle n'est pas du genre à attendre toute sa vie que le Gémeaux se range. Elle ne supporte pas longtemps les peut-être et les hésitations du Gémeaux, qu'il se le tienne pour dit! Bien que la Balance soit un signe d'amour, dans un signe d'air, la raison n'est pas absente et elle peut très bien répondre aux discours du Gémeaux en mettant son coeur de côté pour qu'il puisse étudier lucidement leurs positions amoureuses.

Elle aime bien que tout soit clair et net, et elle supporte bien mal le doute. Autant de précision peut effrayer le Gémeaux qui préfère souvent retarder ses engagements, protéger sa liberté, en profiter, la vivre au maximum. La Balance aime vivre sa vie dans une union et vivre une complicité avec l'autre. L'éparpillement, ce n'est point pour elle. Elle aime séduire, mais ne tient pas à donner son coeur à tous et à chacun, ni à le voir réduit en miettes d'avoir mal aimé! La douleur d'un coeur de Balance blessé est immense et les cicatrices sont longues à fermer totalement. Tandis que le Gémeaux a la faculté de se «retourner» plus rapidement vers les situations non douloureuses. Il ne tient pas à souffrir ni à s'éterniser sur ses bobos. Quand cela arrive, et c'est le cas pour quelques Gémeaux, ceux-ci ont l'impression de devenir fous et commettent alors de nombreux excès, jusqu'au retour de l'amour. Le coup du charme a fonctionné encore une fois!

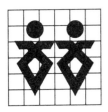 

UN GÉMEAUX ET UN SCORPION

Le premier est un signe d'air et le second, un signe d'eau; l'air est en haut et l'eau est en bas!

L'air agite l'eau. L'air du Gémeaux est à la recherche de la connaissance sur une foule de choses, il a du mal à aller en profondeur. Le Scorpion aime la connaissance mais, généralement, elle est fixée sur un objectif, un domaine qu'il explorera de A à Z, de fond en comble. Les discussions intellectuelles ne manqueront pas. Le Scorpion sera épaté par la diversité des connaissances du Gémeaux et ce dernier le sera par la précision des recherches du Scorpion et de ses énoncés avec preuve à l'appui.

En amour, l'union sera plutôt difficile à maintenir. Il pourrait s'ensuivre une querelle d'idées, d'idéologie, aussi bien sur la manière ou la méthode de concrétisation de l'idée que sur l'idée elle-même. Le Scorpion, signe fixe, supporte moins bien les inconstances. Étant un angoissé, si on sème trop souvent le doute dans son esprit, pour sa sauvegarde, il quittera le Gémeaux, non sans lui avoir lancé au préalable quelques dards bien empoisonnés et celui-ci mettra longtemps avant de se débarrasser du «poison réflexion» que le Scorpion lui a laissé.

De nombreux points d'interrogation surgiront. Quand un Scorpion est amoureux, il s'interdit bien de flirter ailleurs, il tient à la fidélité. Bien qu'on dise qu'il est le signe du sexe, il considère le sexe sacré dans une union, comme la seule chose qu'on ne partage avec personne d'autre et qu'on doit protéger. Le plus souvent, pour le Scorpion, sexe et amour sont reliés, alors que le Gémeaux peut très bien vivre l'amour d'un côté et le sexe de l'autre. Il est fort capable de séparer les deux alors que c'est beaucoup plus difficile pour le Scorpion qui devient possessif et jaloux quand il a consenti à l'acte sexuel.

Il est souvent préférable qu'il en reste à l'amitié qui, elle, peut durer, durer, durer. Le Scorpion finit par trouver lassant les discussions superficielles du Gémeaux sur une foule de détails qui, pour lui, n'ont aucune importance. Le Gémeaux peut trouver oppressante la présence du Scorpion qui n'en finit plus de le protéger même contre ses amis qui le visitent! Le Scorpion demande qu'on l'aime intensément, sans cesse, et il souhaite qu'on ait besoin de lui.

Le Gémeaux est indépendant et, s'il a immédiatement besoin de quelque chose, il est fort possible qu'il n'attende pas après le Scorpion pour demander de l'aide, ce qui aura pour effet de choquer ce dernier qui préférerait se croire indispensable. Quand le Gémeaux a envie de faire telle chose, il la fait tout de suite, alors que le Scorpion peut attendre! Guerre d'impatience! Jeu de patience! Rien n'est impossible à ceux qui veulent vraiment s'aimer longtemps. Le Scorpion devra apprendre à faire confiance au Gémeaux quand il s'éloigne, et le Gémeaux devra faire sentir au Scorpion qu'il est indispensable, et lui répéter qu'il l'aime, afin de dissiper les angoisses qui l'habitent, soit périodiquement, soit en permanence.

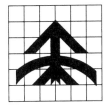

UN GÉMEAUX ET UN SAGITTAIRE

Oh! voilà la paire, et ils sont nombreux à s'unir ainsi. Pourtant, ce sont deux étrangers qui ne parlent pas la même langue et qui gesticulent sans cesse pour se comprendre l'un l'autre. Ces deux vibrations, quand elles se trouvent face à face, sont activées: le Gémeaux devient plus nerveux parce qu'il est impressionné par l'assurance optimiste et même grandiose du Sagittaire, et le Sagittaire se gonfle la poitrine parce qu'il se sent plus fort, plus invincible!

Il peut alors en mettre plein la vue au Gémeaux qui s'étourdit de toute cette puissance qu'il aimerait lui-même posséder. Deux séducteurs avec deux méthodes différentes: le Gémeaux parle vite, et le Sagittaire agit vite, il est pressé. Le Sagittaire est en amour et, vlan! il coupe les ailes du Gémeaux qui ne peut plus s'envoler. Il sait se rendre suffisamment indispensable pour que le Gémeaux reste, l'affectionne et même l'admire!

Le Sagittaire, d'ailleurs, s'il est séduit fera tout en son pouvoir pour le persuader de sa grandeur, de sa noblesse; il lui fera de belles promesses d'avenir que le Gémeaux pourra remuer dans sa tête au rythme d'un conte! Quelques promesses se réaliseront, mais pas toutes, et parfois c'est une promesse à laquelle le Gémeaux tenait, une petite qui ne sera pas tenue. Voilà que le Sagittaire s'emporte n'en croyant pas ses oreilles qu'on puisse se contenter de peu!

Voilà la chamaille! Mais ni l'un ni l'autre ne sont de véritables rancuniers, ils n'ont pas le temps: le Sagittaire a beaucoup à faire et le Gémeaux a beaucoup à penser. La distraction vient vite faire son oeuvre. Comme avec la Balance, en affaires, ça peut marcher comme sur des roulettes ou c'est le fiasco total. Le Gémeaux a les idées, le Sagittaire sait comment les exploiter pour faire de l'argent avec. Mais ni l'un ni l'autre ne se préoccupent réellement des obstacles ou des embûches, ils peuvent se «cogner le nez». Mais le Gémeaux aura alors une autre idée et, pour le Sagittaire, rien n'est jamais perdu, l'expérience est précieuse et toujours au service de celui qui veut bien s'en servir. Ils peuvent se décourager de vivre ensemble, ça arrive de temps à autre; tout va trop vite, le Gémeaux n'a pas le temps de comprendre, et le Sagittaire n'a ni le temps, ni le besoin d'expliquer.

Le Gémeaux, quand il reçoit un ordre qui ne lui plaît pas, tourne le dos comme s'il n'avait pas compris. Le Sagittaire donne un ordre et oublie de voir si on l'a exécuté. Oui ça peut marcher en amour, mais en affaires il faudra que le Sagittaire modère son feu sinon l'air du Gémeaux deviendra irrespirable. Le Gémeaux devra éviter de provoquer l'éparpillement des flammes du Sagittaire pour que l'incendie ne consume pas tout! Le Gémeaux devra cesser de s'accrocher à trop de détails que le Sagittaire n'a pas vus. Le Sagittaire, lui, devra ménager la susceptibilité du Gémeaux en évitant de lui dire trop crûment ses quatre vérités, et comme ça, ce sera presque parfait...

UN GÉMEAUX ET UN CAPRICORNE

Un signe d'air et un signe de terre. Le premier a les idées et l'autre prend les moyens pour les faire passer, ce qui peut, de temps à autre, énerver le Gémeaux qui est tout de même plus pressé que le Capricorne. Le Gémeaux représente l'adolescent et le Capricorne est celui qui rajeunit en vieillissant. Ils pourraient bien passer 20 ans ensemble à se demander comment il se fait qu'ils soient encore ensemble! Puis, tout à coup, pendant ce temps le Gémeaux acquiert sa maturité et le Capricorne, qui avait tout pris au sérieux, commence sa phase de rajeunissement et les voilà maintenant au même rythme! La plupart des livres d'astrologie indiquent que ce genre d'union ne peut durer... rien n'est vraiment facile, mais rien n'est impossible. Le Gémeaux a un grand besoin de se sentir protégé; le Capricorne, symbole du père, se sent bien dans un rôle de protecteur. Là-dessus ils peuvent être d'accord. Le Capricorne voit donc à ce que son Gémeaux soit à l'aise, il le met en garde contre ses impulsions.

Il lui apprend la patience, le sens de la continuité et il lui apporte appui et encouragement dans ses choix de vie. Le Gémeaux, dans toute la splendeur de son adolescence, égaie le Capricorne, lui fournit des occasions de vivre selon le moment présent sans trop se soucier du lendemain. Ils pourraient bien aussi ne pas se comprendre du tout. Le Capricorne peut trouver le Gémeaux trop frivole car ce dernier en donne souvent l'impression! Le Gémeaux peut, de son côté, trouver le Capricorne trop replié, trop silencieux, et il s'imagine qu'on le boude ou qu'il n'est pas intéressant, ce qu'il supporte mal parce qu'il a un grand besoin de communiquer par la parole.

Le Capricorne, dans son signe de terre, ne ressent pas ce besoin de dire au fur et à mesure ce qu'il vit, ce qu'il voit. Il se préserve, il est prudent, il se méfie aussi de l'interprétation qu'on pourrait donner à ses paroles. Signe cardinal, il donne des ordres, il s'attribue un rôle de chef. Le Gémeaux, signe mutable ou double, n'a que faire des ordres qu'on pourrait lui donner, il n'a pas écouté ou il a oublié... Résultat: le Capricorne se fâche, la montagne tremble et l'oiseau Gémeaux s'est envolé vers un autre sommet... S'ils veulent vivre ensemble, le Gémeaux devra respecter et comprendre les silences du Capricorne, il devra parfois faire un effort pour le deviner afin de maintenir l'harmonie. Le Capricorne devra respecter la fantaisie du Gémeaux et se laisser entraîner par son jeu en y participant.

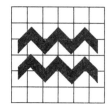

UN GÉMEAUX ET
UN VERSEAU

On dit qu'ils vont parfaitement bien ensemble, c'est du moins ce que la plupart des astrologues affirment, mais je n'en suis pas aussi sûre, bien qu'ils soient compatibles de par leur signe d'air. Ils se séduisent, ça c'est certain. Face au Verseau, le Gémeaux se sent fragile; en conséquence, le Verseau se sent plus fort! Le Gémeaux peut donc développer une dépendance vis-à-vis du Verseau. Le Verseau, étant de par sa nature plus autonome, finit au bout d'un certain temps — cela peut aller jusqu'à une vingtaine d'années —, par ressentir cette dépendance comme une faiblesse.

Et il n'aime pas la faiblesse, il aime la force de caractère, il aime, lorsqu'il peut se mesurer, admirer et constater les changements. Il aime que les gens et les choses se transforment. Si un Gémeaux, à cause de l'accumulation de faiblesses, n'arrive pas à se transformer, vous voyez alors le Verseau le rejeter, lui faire sentir son impuissance. Il ne reste plus au Gémeaux que la fuite à tire-d'aile plutôt que sa destruction et l'anéantissement de ses propres idées.

Le Verseau est une sorte de visionnaire qui vit vingt ans en avant de son temps, pour qui le moment présent n'a souvent que très peu d'importance. Il en est tout autrement pour le Gémeaux qui est bien de son temps, qui vit au moment présent, pas demain, mais aujourd'hui et tout de suite! Le Verseau peut paraître trop cadré, trop organisé pour le Gémeaux qui a grand besoin de diversifier ses expériences et ses connaissances.

Étant un signe fixe, il se «fixe» souvent une ligne de conduite, une façon de vivre, et s'y maintient sans jamais s'en éloigner trop. Il se spécialise. Le Gémeaux ne ressent pas aussi profondément ce besoin «d'être un spécialiste», il est poussé vers la diversification, c'est son moyen à lui de cerner et d'apprendre les jeux de la vie. Comparativement au Verseau, il est un grand naïf, un enfant de choeur! Seulement, il arrive que les enfants chahutent, dérangent même! Et ça, le Verseau le tolère mal, bien qu'il soit le moins fixe de tous les signes fixes. La fixité de son signe le rend autoritaire et, pour de nombreux Verseaux, cela peut aller jusqu'à la tyrannie. Il doit constamment surveiller cet aspect chez lui. Il est le symbole de l'humanisme, mais il lui arrive parfois de vivre dans l'opposition de son signe, de sa mission, et de vouloir dominer plutôt que servir.

Le Gémeaux est un communicateur. Quand il se tait, qu'il cesse de communiquer, il ne remplit pas sa mission! Sur le plan amical, ils s'entendent parfaitement, les idées passent bien de l'un à l'autre. C'est quand ils sont amoureux qu'il y a un risque. Deux signes d'idées ne se font pas vraiment la cour. En réalité, ils discutent de ceci, de cela, de tout ce qui est en dehors d'eux, mais très peu de leurs sentiments, alors que dans une relation sentimentale il est important de vivre cet échange au niveau du coeur si l'on veut que la relation dure.

Le Verseau parle de ce qu'il fera dans deux ans, dans cinq ans; le Gémeaux envisage ce qu'il fera demain ou dans une heure... et ils passent tout droit sur le sujet intimité! Dans leur vie de partage, ils s'éloignent l'un de l'autre sans même s'en apercevoir. Le Verseau étant un signe fixe, il est rarement le premier à quitter lorsqu'il est associé avec un Gémeaux. Et comment un signe fixe pourrait-il commettre une erreur? Cela fait également partie de sa mentalité, il croit en son jugement. Tandis que le Gémeaux, plus humble, est capable d'admettre qu'il s'est trompé.

Tout signe double qu'il est, il peut quitter, vouloir revenir ensuite; chose étrange, même après plusieurs années de séparation, ils sont parfois capables de revivre ensemble. Uranus, la planète du Verseau, symbolise le divorce, et le Gémeaux, de par Mercure, la dualité: quand ces deux-là sont ensemble, l'air de leurs signes se transforme en ouragan! Pour qu'il puisse vivre heureux, le Verseau devra apprendre à faire des concessions et à tolérer les incertitudes et les doutes du Gémeaux, à penser que la belle assurance qu'il manifeste n'est pas aussi réelle qu'il le laisse paraître.

Le Gémeaux, de son côté, devra éviter de changer d'avis à tous les deux jours afin d'éviter de froisser le Verseau qui, lui, suit une ligne plus droite. Il ne devra pas craindre d'avoir ses propres idées devant le Verseau et de s'affirmer pour obtenir qu'on le respecte. Ils devront garder du temps pour se faire la cour et renouveler leurs promesses d'amour, seul à seul, et ce, sans être entourés d'amis!

UN GÉMEAUX ET UN POISSONS

Nous avons ici deux signes doubles, l'un d'air et l'autre d'eau, et l'unification n'est pas de toute facilité. L'air du Gémeaux agite l'eau du Poissons; cependant, la puissance des eaux du Poissons ne fait que de toutes petites vagues sous le souffle du Gémeaux, l'eau est peu agitée! Ce peut même être ennuyant! Et cette eau n'arrive pas à toucher l'air! Ni l'un ni l'autre n'aiment vraiment assumer des responsabilités et c'est pire encore quand leurs vibrations se croisent. Ensemble, ils attendront que l'un ou l'autre décide! Et si personne ne bouge, chacun attend...

Le Poissons n'est pas un grand bavard, il a tout ressenti et deviné et il trouve que les explications du Gémeaux sont superficielles, qu'il s'y perd et que, finalement, on n'a pas vraiment besoin de s'attarder sur autant de détails pour faire une vie! Le Gémeaux cherche une raison à tout et, pour le Poissons, il lui suffit d'être! Ils auront tendance à se critiquer. Le Gémeaux reprochera au Poissons de trop rêver et de ne pas assez agir ou pas assez vite.

Celui-ci, de son côté, trouvera que le Gémeaux ne fait tout qu'à demi et qu'il vaudrait mieux alors ne rien faire! Ils trouveront peut-être sans cesse à redire sur leurs initiatives et ils seront bien loin de ce qu'on nomme le support mutuel ou l'encouragement. Le Poissons ne craint pas vraiment l'avenir; pour lui, l'infini est son monde. Le Gémeaux a tendance à s'inquiéter plus que de raison de ce qu'il pourra mettre sur la table. Le Poissons est rarement un conventionnel, même quand il essaie très fort de l'être. Le Gémeaux l'est. Il n'aimerait pas faire quelque chose qu'une foule de gens pourraient juger comme déraisonnable. Après tout, son signe n'est pas animal! Le Poissons est un être généralement sensuel et il n'y a pas d'heures fixes pour l'amour.

Le Gémeaux n'est pas un signe animal et ne se laisse pas facilement aller à ses désirs! Surtout s'il travaille le lendemain! Ces deux vibrations s'ajustent mal, comme s'ils n'avaient jamais la même heure. Il faudra beaucoup d'efforts s'ils veulent absolument vivre ensemble, mais rien n'est impossible. Le Gémeaux devra être attentif au Poissons qui veut qu'on le devine. Le Poissons, de son côté, devra apprendre à exprimer ses désirs. Le Gémeaux adore la conversation, mais n'aime pas les devinettes. Ils devront se choisir un loisir, un sport, un jeu en commun pour éviter qu'ils ne s'écartent trop souvent l'un de l'autre.

Le Gémeaux, signe d'air, trouve toujours quelque chose à faire quelque part: rencontrer des amis à lui en oubliant parfois de les présenter au Poissons. Le Poissons, qui n'a nullement peur de la solitude, devra toutefois se mêler aux amis du Gémeaux qui, lui, en a grandement besoin. Ils devront éviter de se jouer le tour de «l'indépendance» juste pour se démontrer l'un à l'autre qu'ils n'ont besoin de personne... Ils courraient ainsi le risque de ne plus se rencontrer. Leur langage est si différent! Quand le Poissons dit pour toujours, il parle aussi de l'infini où il sait qu'on est unis à tout jamais.

Quand le Gémeaux dit pour toujours, il faut lui donner le temps d'y réfléchir avant de le croire sérieusement... si vous avez décidé de vaincre les obstacles, si vous avez décidé de vivre ensemble, il faudra, comme me le disaient mes parents, de temps à autre faire des compromis!

Ses relations avec les autres signes

 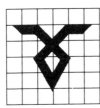

UN CANCER ET UN BÉLIER

Le Cancer et le Bélier, un signe d'eau et un signe de feu. Le feu fait bouillir l'eau, comme il peut la garder tiède. L'eau pourra aussi s'évaporer doucement. Le Bélier avance, le Cancer recule. Le premier ne ménage pas ses mots, l'autre ne veut pas blesser. L'entente n'aura rien de facile. Le Bélier voudra de l'action et le Cancer trouve qu'il y en a bien assez comme ça, et souhaite qu'on enfile les pantoufles... Le Bélier les jette par la fenêtre, le Cancer pleure! Deux signes cardinaux, deux signes de chef: le Bélier, plus directement; le Cancer, subtilement. Le Bélier n'arrive pas à comprendre les subtilités du Cancer et le Cancer supporte mal qu'on puisse être aussi indélicat. Le Cancer est le symbole du foyer familial; aussi le Bélier, qui aime se retrouver en famille, aura-t-il du mal à se séparer de celui qui lui rappelle toujours la douceur et la sécurité du foyer. Là, au moins, le Bélier n'aura pas à se battre... mais il risque de s'ennuyer. Le Cancer est romantique, un tendre, il arrose les fleurs pendant que le Bélier astique son bouclier! Ils peuvent toujours finir par s'entendre à la condition de garder une certaine distance, ou d'être suffisamment évolués l'un et l'autre pour bien saisir toute la différence qui marque la vision que chacun a de la vie. Le Bélier devra modérer son feu et le Cancer s'alimenter à plusieurs sources d'action afin de ne jamais se déshydrater.

UN CANCER ET UN TAUREAU

Le Cancer et le Taureau peuvent faire un beau couple, comme on dit. Le Cancer étant un signe d'eau et le Taureau un signe de terre, l'eau vient fertiliser la terre. Quand il y a beaucoup d'eau et pas assez de terre, l'un dans l'autre ça fait de la boue! Quand il y a de la terre et pas suffisamment d'eau, ça ne pousse qu'à demi! Le Cancer est un imaginatif sensible qui croit souvent que le seul fait de penser à ses rêves va les voir se réaliser. Le Taureau, pour sa part, est plus réaliste, il sait qu'il lui faut agir pour que ses rêves se réalisent. Le Cancer espère au fond de lui-même que le Taureau aura deviné ses besoins; le Taureau, réaliste, espère que le Cancer va bientôt arrêter de rêver et passer à l'action.

Le Cancer est un signe cardinal, il donne des ordres sans même s'en rendre compte. Le Taureau est un signe fixe, il n'en prend pas! Petits accrochages possibles entre ces deux signes. Rien n'est parfait, mais ils peuvent réussir à faire une belle paire d'amoureux. Il faudra qu'ils consentent tous les deux à faire leur part. Le Taureau devra essayer de se mettre un peu à la place du Cancer et deviner ses désirs; en retour, il obtiendra une affection illimitée. Le Cancer doit éviter de commander le Taureau et de croire que c'est ce dernier qui doit réaliser ses rêves, ne pas imaginer qu'il a deviné. Il est par ailleurs beaucoup trop occupé à ses réalisations. Ils ont généralement de bons rapports quand les deux ajustent leurs besoins chacun leur tour. Quand ils s'amourachent, leur union peut durer longtemps même si, à tout hasard, elle peut se détériorer. Pince de crabe est agrippée à la terre et à la fixité du Taureau. Et ce dont le Taureau a le plus peur, c'est du changement, au cas où ce serait pire ailleurs, au cas où il y perdrait. Le Taureau peut être silencieux et le Cancer a du mal à exprimer ses émotions, il en a tellement. Il faudra qu'ils s'en parlent s'ils veulent que leur union traverse le temps!

UN CANCER ET UN GÉMEAUX

Le Cancer et le Gémeaux. Ils ne sont pas très vieux sur la roue astrologique, le Gémeaux est le troisième signe, un enfant; le Cancer, le quatrième, un enfant aussi, mais juste un peu plus grand. Ils font bon ménage malgré le fait que l'air du Gémeaux soit en haut et l'eau du Cancer, en bas. Regardons autrement: le Gémeaux est régi par Mercure, la parole, le mouvement, la logique, l'esprit en perpétuelle cogitation, alors que le Cancer est régi par la Lune, l'imagination, qui agite son esprit, le pousse à parler.

Le Cancer ressent d'abord et discute ensuite. Le Gémeaux a déjà entamé le sujet, mais le Cancer ressent et voilà que le Gémeaux, après trois mots, vient de donner un coup de fouet à l'imagination du Cancer! Ces deux-là sont changeants: Mercure du Gémeaux qui aime le mouvement, le déplacement, qu'il soit physique ou mental, et la Lune du Cancer, qui peut rire ou pleurer ou faire les deux à la fois, suscitent chez le Gémeaux un tas de questions qu'ils soumettent à son analyse. Pour le Gémeaux, le Cancer est un beau sujet d'observation puisqu'il est inégal dans ses humeurs! Et pour le Cancer, le Gémeaux est un être étonnant de par ses connaissances qu'il puise ici et là à la manière du journaliste. Ainsi, notre Cancer de la Lune est au courant de ce qui se passe à l'échelle mondiale sans avoir à se déplacer. Ils s'attacheront amoureusement durant toute leur lune de miel. Le Cancer est sensible, susceptible même, il remarque ce qu'on fait pour lui, ce qu'on lui donne. Le Gémeaux, lui, est si occupé qu'il oublie de donner! Le Cancer attend; ses pinces de crabe tentent de s'accrocher au Gémeaux, mais comment pourrait-il faire pour retenir l'air, ça glisse entre les pinces? Et le voilà déçu, il pensait pouvoir retenir le Gémeaux, il a cru qu'il suffisait pour ce faire de rire de ses bons mots, de l'écouter, de s'intéresser à ce qu'il faisait.

Si le Cancer n'a pu apprendre quoi que ce soit de neuf au Gémeaux, il repartira à tire-d'aile chercher d'autres informations. Pendant longtemps le Gémeaux pourra aller et venir, partir et revenir vers le Cancer, car chaque fois qu'il revient, le Cancer est heureux, soulagé: on ne l'a pas quitté et le Gémeaux lui raconte des tas de choses que le Cancer avait imaginées sans croire à leur réalité. Le Gémeaux lui confirme ses rêves et ses sensations. L'amour entre eux ressemble plus à une entente qu'à une passion. Ils peuvent faire bon ménage quand même parce que tous deux aiment l'animation et le changement chacun à sa manière. Le Gémeaux est plus rapide, et le Cancer reste fidèle à l'accord, sait se laisser distraire sans qu'on l'oblige brutalement à accepter une nouvelle idée, un nouveau concept. Le Gémeaux a des opinions, mais il n'oblige personne à les adopter. De toute manière, il donnera à l'autre le temps de réfléchir à ce qu'il vient d'énoncer mais, ô surprise! deux semaines après il arrivera avec une toute nouvelle idée qui fait sourire le Cancer qui, encore une fois, pourra rêver de la Lune. Ainsi leurs vies se lient, l'attachement se crée et les maintient souvent ensemble, et pour longtemps. Quelques-uns se séparent aussi. Le Cancer n'en pouvant plus du manque d'attention du partenaire, de ses sorties rapides, de ses rentrées tardives et de son trop d'emballement intellectuel sans la touche émotionnelle!

Un Gémeaux peut se lasser de l'amour quasi contemplatif que le Cancer lui apporte. Ce dernier est trop silencieux pour lui, il ne peut pas deviner, il faut lui dire. Le Gémeaux n'a pas pu discuter. Selon lui, le Cancer avait la larme à l'oeil trop facile, il s'en faisait pour rien! Chacun, sur la roue du zodiaque, a sa propre perception de l'amour, de l'affection, de l'attachement. Certaines planètes dans leur ciel natal favorisent leurs rapports, d'autres leurs départs. Finalement, on peut essayer de dire que tel signe va mieux avec tel autre, et ce n'est pas faux. En fait le jumelage entre deux signes dépend en grande partie des thèmes astrologiques réciproques. Je connais des tas de signes dont on dit qu'ils ne sont pas faits pour aller ensemble et qui fonctionnent à merveille, comme je connais des couples qu'on disait très compatibles et qui se sont séparés! Comme le dit mon bon ami le philosophe Bernard Cantin (Lion ascendant Sagittaire): «rien n'est coulé dans le ciment».

UN CANCER ET UN AUTRE CANCER

Cancer et un autre Cancer. Deux signes de la Lune! Deux signes d'eau! Deux signe cardinaux! Deux sensibles, mais tous deux ont le sens du commandement! Pour que l'union fonctionne très bien, il est toujours préférable qu'il y ait entre eux une grande différence d'âge. L'union peut être merveilleuse. Ensemble ils peuvent vivre une évolution extraordinaire.

Étant le miroir l'un de l'autre, ils peuvent corriger mutuellement leurs petits défauts. Il se peut que ce soit la guerre, où chacun se bombarde de méchancetés subtiles, de critiques de plus en plus acerbes. Les premiers sujets de dispute concernent les familles de l'un ou de l'autre. Quand ils ont des enfants, ils les utilisent comme moyen de chantage. Madame Cancer veut beaucoup d'argent, elle aime avant tout sa sécurité. Monsieur Cancer devra alors travailler énormément pour lui faire plaisir et lui donner ce qu'elle réclame et, du même coup, être lui-même en sécurité. Monsieur Cancer s'absente souvent, il fait de l'argent, mais madame Cancer commence à se plaindre qu'elle est délaissée. Le jeu des reproches n'en finit plus. Tous les deux étant sensibles et susceptibles, ils ne doivent pas se blesser inutilement, ils ont tant de mal à guérir et ils mettent longtemps avant de se pardonner. Comme l'un et l'autre aiment commander et qu'aucun des deux n'aime vraiment se faire dicter sa conduite, ils doivent se surveiller sur ce point. Il en résulterait que celui qui commande ne s'est aperçu de rien, mais que l'autre boude et se sent incapable de se défendre contre le «général en chef»! Le commandé se sent victime, et plus il est victime moins il est capable d'exprimer ses sentiments et ses ressentiments. Il s'enferme alors dans sa «carapace», ce qui choque davantage «le général» qui, lui, se sent de plus en plus fort. Il domine et contrôle la situation. Puis, un beau jour, rien ne va plus. Le plus souvent c'est madame Cancer qui s'en va, laissant Monsieur complètement désemparé. S'ils ont vécu de nombreuses années ensemble, les souvenirs les rattachent et les empêchent de briser véritablement le lien. Mais il ne leur est pas facile non plus de recommencer. Ni l'un ni l'autre ne veut oublier. Ils ont tous deux une excellente mémoire directement reliée aux émotions vécues.

Si vous êtes un jeune couple Cancer-Cancer, faites-vous plaisir, surprenez-vous. Si, un beau matin, il vous semble que vous êtes entrés dans le monde de la routine et que l'ennui s'infiltre comme de la rouille, revivez vos premiers moments romantiques, plongez dans le souvenir de ce qui vous rendait si heureux ensemble. Faites un pèlerinage, retournez là où vous vous êtes aimés. Si vous avez des enfants, parlez-leur de votre amour réciproque. Gâtez-vous. Vous en avez besoin car toute votre vie vous serez des enfants qui désirent sans cesse qu'on leur répète qu'on les aime, qu'on tient à eux!

UN CANCER
ET UN LION

Le Cancer et le Lion. Il n'y a pas de gêne avec le Lion, il est fier, heureux et satisfait d'être ce qu'il est, surtout quand il se trouve en face du timide Cancer qui a l'air de vouloir se replier ou disparaître derrière la porte, ou presque... Le Cancer ouvre les yeux d'admiration devant l'audace du Lion, puis se sent fatigué tout d'un coup. Le Lion continue de réclamer de l'attention, mais le Cancer a envie de retourner sur la Lune pour mieux rêver. Voir le jour tel qu'il est finit par l'énerver, il préfère l'imaginer, et le Lion est trop concret pour lui pour l'instant. Puis les rayons solaires, vus de près, brûlent les pinces du crabe qui ne sait plus où les mettre! Le Cancer trouve son énergie à l'intérieur de lui-même, il doit réfléchir à ce qu'il est, à ce qu'il fait, il essaie de mesurer ses pas, de calculer la distance qu'il faudra franchir pour parcourir une route. Le crabe marche de côté, ne l'oubliez pas. Il fait donc un détour qui le ralentit avant d'atteindre l'objectif. Le Lion n'en fait pas, il préfère prendre le risque et affronter l'obstacle qui se trouvera devant lui.

Il lui arrive de se blesser à une patte... Devant le danger, le Cancer s'enfonce dans le sable, lui, il ne bouge plus, il s'immobilise et ressort indemne, mais il a manqué le spectacle et n'a pas appris à se défendre. Seule l'expérience peut vous apprendre... Le Lion le sait d'instinct; la prochaine fois, quand il devra affronter un «dinosaure», il le prendra autrement que de face! En amour le crabe accroche ses pattes et les resserre, lentement, si lentement que le Lion le croirait inerte. Puis voilà que ce dernier commence à ressentir qu'on le serre au cou et qu'on pourrait l'étouffer... Enragé, il se défait du crabe et l'envoie d'un coup de patte sur le sable où il s'enfonce de nouveau. Voyons maintenant, ces deux signes sous un autre angle. Le Lion est un signe de feu et le Cancer, un signe d'eau. Nous pourrions avoir affaire à un lionceau, un feu peu dense, et à un Cancer expérimenté dans le jeu des sentiments. Voilà donc que l'eau du Cancer envahit et vient petit à petit éteindre le feu du Lion qui se retrouve si faible dans son signe qu'il déprime! Il leur sera difficile de vivre ensemble. Le Lion est spectaculaire jusqu'à l'exagération et le crabe, de son côté peut être discret jusqu'à l'exagération. Le Lion, qui n'a peur de rien, ou presque, fait très peur au Cancer qui a peur de tout, ou presque! Quand ces deux vibrations se croisent, elles s'attirent. Le Lion se souvient, du temps où il avait peur et il voudrait bien rassurer le Cancer, mais il n'y arrive que difficilement. Il ne peut lui tenir continuellement la main, il doit partir à la chasse! Le Cancer se sent délaissé et il tire les poils du Lion qui se débat pour sauvegarder sa peau! Le Cancer parle de ses sentiments, qui souvent le font retourner dans le passé, et le Lion lui raconte comment il voit le moment présent, et comment il entrevoit le futur.

Ils s'intéresseront à leur perception différente. Le Cancer tentera de lui faire comprendre qu'il ne doit pas oublier par où il a passé et qu'il ne doit plus y repasser, mais le Lion n'a qu'une chose en tête: si ça a été mal, ne plus y penser et faire autre chose, vite, l'expérience l'appelle. Comme ils se comprennent difficilement, il est alors plus ardu de faire bon ménage. S'ils veulent vivre ensemble, le crabe devra prendre de la vitesse et aller au devant des désirs du Lion. Le Lion aime qu'on le serve et qu'on se rende compte de ce qu'il fait pour l'autre, pour lui-même, pour son travail et pour tout. Il est spectaculaire dans le coeur, dans l'âme, dans l'action; et quand sa vibration est à côté du Cancer, il se sent encore plus grand.

Le Lion devra prendre plus au sérieux les craintes du Cancer et lui apprendre doucement qu'en regardant l'étoile polaire il trouvera toujours son chemin. Il devra deviner que le Cancer a besoin qu'on le réconforte, qu'on lui montre de l'affection sans éclats de temps à autre, dans l'intimité. Il devra aussi respecter le besoin du Cancer de se retrouver en tête à tête, sans témoin, juste un Cancer et un Lion, sans orchestre et sans danseurs! Le Cancer, de son côté, ne devra pas décourager les efforts du Lion qui cherche à se dépasser, à dépasser sans cesse ses objectifs, c'est sa nature, il a besoin qu'on la respecte. Le Lion se gardera bien de rire des détours que le Cancer prend pour arriver à destination, c'est sa façon à lui d'avancer et de trouver sa route. Il devra se faire plus patient pendant que le Cancer apprend à aller plus vite. Il ne devra pas reprocher à ce dernier ses peurs de l'avenir. La confiance en soi n'a pas été répartie également sur le zodiaque et les chemins pour parvenir au plein épanouissement sont différents pour chacun, et chacun se doit de les respecter.

UN CANCER
ET UNE VIERGE

Le Cancer et la Vierge. Le premier est un signe d'eau et le second, un signe de terre. L'eau peut fertiliser la terre ou la noyer; la terre peut demander tellement d'eau que cette dernière ne fournit pas. Le Cancer est un signe cardinal, donc un signe de chef, de commandement. La Vierge est un signe mutable, considéré comme un signe double, donc qui n'écoute pas vraiment les ordres, ou d'une oreille seulement, ou quand ça lui plaît. Face au Cancer, elle ne peut tenir parole que lorsque celui-ci s'est bien lamenté! La Vierge a le grand défaut de n'arriver au secours d'autrui que lorsque celui-ci est à sa limite. Aussi a-t-elle alors le plaisir de dire qu'elle a sauvé la situation! Pendant ce temps, le Cancer a souffert et il a bonne mémoire!

Ils font souvent une bonne équipe, sont d'accord pour se mettre en sécurité, ramasser de l'argent, s'établir et planifier à long terme au sujet de leur confort... La prévention, ça les connaît. Il y manque parfois la fantaisie que le Cancer s'efforce d'apporter et que la Vierge trouve déraisonnable, mais le Cancer est tenace et il finit par obtenir un sourire, et peut-être même à faire rire la sérieuse Vierge. Le Cancer est habile à faire ressentir ses états d'âme, et la Vierge ses états d'esprit, et tous deux exigent que chacun explique à l'autre ce qui se passe. Cependant, ils ne sont pas tout à fait sur la même longueur d'onde. Il faudra du temps pour qu'ils puissent s'ajuster, mais ils sont patients là-dessus. Le Cancer s'agrippe avec ses pinces de crabe et la Vierge s'enracine avec son signe de terre et prend l'habitude d'être agrippée par le Cancer! Une fois qu'ils se seront compris, la Vierge pourra expliquer les émotions multiples du Cancer et le Cancer pourra suivre les déroulements mentaux de l'esprit supra-logique de la Vierge. La Vierge n'est pas dépourvue d'émotions, mais elle ne tient pas particulièrement à s'y maintenir, cela ralentirait sa productivité, symbole du travail, du concret. Les choses doivent se faire et il ne faut pas se plaindre. Le Cancer, signe d'eau, symbole de la Lune, des émotions, n'est pas démuni de logique; seulement il agit davantage sous l'impulsion du sentiment du moment présent.

C'est pourquoi il lui arrive d'avoir des sautes d'humeur qui surprennent la Vierge, laquelle, en toute logique, n'arrive pas à comprendre comment on peut rire dans un moment sérieux et pleurer quand c'est le temps de s'amuser. Le Cancer aime l'ordre selon le ravissement qu'il lui procure. La Vierge aime l'ordre pour éviter les pertes de temps: production, organisation matérielle. L'amitié les lie le plus souvent au début et c'est lentement qu'ils s'attachent l'un à l'autre. Le Cancer finit par émouvoir la Vierge et celle-ci finit par faire confiance aux pressentiments de l'autre. L'amour peut paraître comme une chose évidente au Cancer qui doit donner à la Vierge le temps de bien analyser l'objectif que l'amour peut joindre.

UN CANCER ET UNE BALANCE

Le Cancer et la Balance, Ouf! il y aura beaucoup de travail à faire s'ils ont décidé de vivre ensemble! Le Cancer est tout simplement irrationnel, et davantage encore quand il rencontre une Balance. Celle-ci le débalance et il n'arrive plus à se comprendre parce qu'elle se met à l'étudier dans tous ses détails et à trouver une raison à tout ce qu'il fait ou pense. Le Cancer peut se contenter de ressentir. La Balance ne peut pas: elle ressent et réfléchit en même temps, puis porte son jugement. Une passion peut naître entre eux, ils tombent follement amoureux et ils le restent aussi longtemps qu'ils ne partagent pas le quotidien. Le Cancer, plutôt romantique, aime flâner, même quand il manque de temps, et c'est pire encore quand il se trouve en présence de la Balance. Celle-ci lui donne le goût de ne rien faire d'autre que de rêver, mais elle sait qu'il faut s'organiser et ne pas perdre de temps à rêvasser, sauf les jours fériés, où elle est totalement décontractée, puisque c'était prévu.

Le Cancer aime l'imprévu, il s'adapte rapidement à la surprise; la Balance supporte mal que, soudainement, on la force à prendre une autre position que celle qu'elle avait prévue. Le Cancer est un signe d'eau, l'eau est en bas, la Balance est un signe d'air, l'air est en haut, d'où difficulté de communication. Les jours de grands vents l'eau s'agite. L'eau ne monte pas au ciel sauf par l'humidité qui s'élève de terre! Il sera bien difficile à l'eau du Cancer de faire accepter ses inquiétudes d'en bas! L'air est réservé à la circulation aérienne.

Cancer et Balance sont deux signes cardinaux. Au début, voulant se charmer, ils ne se rendent pas compte que l'un et l'autre se donnent des ordres! Le Cancer dit, puisqu'il marche de côté: «quand tu passeras devant la bibliothèque, apporte-moi ce livre». Il est prêt à attendre, même si la Balance ne passe pas directement par la bibliothèque; il sait ce que c'est que de faire des détours. La Balance, en voyant le désordre ou la lenteur du Cancer, lui dira (avec un sourire naturellement), de ranger ses choses rapidement s'il vient des gens! Cependant, au bout de quelque temps, la Balance qui analyse tout n'aura plus envie de faire le détour, et le Cancer n'aura plus envie de se ranger pour faire plaisir aux autres! Le Cancer vit surtout pour lui, pour se faire plaisir et la Balance se fait plaisir quand elle épate ou flatte ceux qui la côtoient, la visitent ou la fréquentent. Elle a grand besoin d'une approbation extérieure. Elle pourrait vous soutenir le contraire, mais il suffit de la regarder agir. Le Cancer finit par paraître égocentrique pour la Balance qui, elle, a le regard tourné vers l'extérieur. Le Cancer lui apparaîtra pantouflard; il protège son intimité et n'a pas d'heures fixes pour aimer. La Balance apparaîtra trop calculatrice, elle explique tout et juge, et face au Cancer cela peut paraître comme une intolérance. S'ils veulent vivre ensemble et s'aimer, ils devront faire un grand effort pour accepter leurs différences. Et qu'ils évitent de se donner des ordres, qu'ils évitent également d'insister pour que l'autre adopte son point de vue comme étant le seul valable! Le Cancer ferait aussi bien de ne pas s'enfermer dans le silence quand c'est le temps d'une explication. La Balance dirait qu'il essaie de se soustraire à la justice! La Balance ferait bien, de temps à autre, d'essayer de comprendre que l'émotion doit être vécue sans explication, comme le Cancer la vit.

UN CANCER ET UN SCORPION

Le Cancer et le Scorpion, deux signes d'eau. Voilà beaucoup d'émotions en perspective. Pas de relâche, aucune journée de congé là-dessus. Ils se frottent l'un à l'autre et aiguisent sans cesse la passion qui ne va pas sans quelques douleurs! Le Cancer est un signe cardinal, donc de commandement, alors que le Scorpion est un signe fixe qui n'accepte aucun ordre! Au début, le Scorpion se laisse prendre au charme du Cancer qui, sourire au lèvres, fleurs à la main, lui demande sans cesse de prendre soin de lui. Se sentant indispensable, il ne peut s'empêcher d'être flatté de la grâce que lui fait le Cancer... lequel met lentement ses pinces sur le Scorpion qui, signe fixe, prend l'habitude du poids qu'il soutient.

Ils sont bien ensemble, ils peuvent exprimer leurs émotions, leurs malaises, leur bonheur, leurs douleurs, leurs plaisirs, leurs déplaisirs. Ils parlent le même langage, ils sont remplis d'espoir, ils cherchent ensemble à s'éveiller à toutes les merveilles! Ils sont souvent, du moins au début de leur union, comme deux enfants à la foire: ils ne s'inquiètent pas de l'heure, et quand la nuit tombe et qu'ils doivent faire face à la réalité du retour voilà qu'ils n'ont plus la même vision de la vie. Le Cancer, devant l'inconnu, peut laisser aller ses larmes. Le Scorpion lui dit qu'il faut se maîtriser et qu'avoir peur c'est se paralyser, c'est bloquer l'action. Sous l'effet de l'angoisse, le Scorpion réagit et le Cancer s'enfonce dans le sol, laissant l'autre régler le mauvais quart d'heure qu'ils passent perdus dans la nuit! Le Scorpion ne restera pas longtemps insensible à la peur du Cancer et il aura vite fait de le rassurer. Pour le remercier, le Cancer fera apparaître une Nouvelle Lune juste pour voir le visage ravi du Scorpion et pour qu'il puisse enfin laisser tomber le masque de Pluton!

Ils sont tous les deux inquiets; le Scorpion dissimule son inquiétude, le Cancer en parle. Le Scorpion n'aime pas qu'on le croie faible, d'ailleurs il étudie les moyens à prendre pour devenir fort. Il n'aime pas dépendre des autres alors que le Cancer n'y voit aucun inconvénient. Quand ces deux-là commencent à s'aimer, ça peut durer toute une éternité, mais ils doivent savoir à l'avance que l'angoisse, pour l'un, et les larmes, pour l'autre, ne seront pas épargnées, et qu'au bout du corridor, quand tous deux devinent ce qu'ils sont profondément l'un et l'autre et qu'ils acceptent leurs différences, ils pourraient bien trouver que même l'éternité ne dure pas assez longtemps...

UN CANCER ET UN SAGITTAIRE

Le Cancer et le Sagittaire, voilà un signe d'eau et un signe de feu. Au risque de me répéter, l'eau éteint le feu, le feu fait bouillir l'eau au point qu'elle déborde et retombe sur le feu, ou alors sous l'effet d'un feu doux, l'eau s'évapore lentement et disparaît! Ces deux signes n'ont pas beaucoup de points en commun: le Cancer aime la maison et le Sagittaire préfère s'en trouver éloigné! Le Cancer est traditionnel par nature, et le Sagittaire aime la nouveauté et la fantaisie. Le Sagittaire aime dire la vérité sans détour, franchement, et il oublie de se demander si l'autre la prend telle qu'il la dit. Il lui arrive même de manquer de l'élémentaire délicatesse et tient pour acquis qu'on a compris, sans se fâcher, ce qu'il a énoncé comme étant sa vérité. Il n'a que rarement l'impression d'avoir commis une erreur, sauf quand il doit la confronter. Et quand il est devant l'erreur, il a l'honnêteté d'avouer qu'il aurait dû faire autrement. Le Sagittaire est généralement prompt et le Cancer a le plus souvent des réactions à retardement; il pleure en cachette et ne sait plus, à un certain moment, comment exprimer sa blessure, et plus il y réfléchit, moins il sait comment! Un Sagittaire attentif pourrait bien le remarquer à sa mine triste, mais le Sagittaire n'aime pas s'attarder à ce qui blesse, il a autre chose à faire et, dans la vie, pour lui l'espoir est devant, le souvenir n'est que le souvenir.

Il est d'un optimisme à égayer un Cancer qui veut bien le suivre dans ses élans vers l'expansion! Le Cancer devra se corriger de son scepticisme s'il veut vivre avec le Sagittaire, et le Sagittaire devra apprendre à dire la vérité avec plus de modération. La franchise, c'est bien beau, mais il y a des façons de dire! L'amour n'est pas impossible, rien ne l'est au fond, il suffit d'y croire, d'y ajouter une pincée de bonne volonté, et un grand verre de tolérance!

Évitez de trop manipuler la pâte des émotions du Cancer, elle deviendrait dure, non comestible! Acceptez qu'il y ait un peu trop d'épices dans la vie du Sagittaire, ça goûte un peu plus fort qu'on s'y attendait, mais c'est tout de même délicieux! Tout ça peut faire un beau gâteau, à condition de le faire chauffer à feu doux, comme la recette l'exige. Le Sagittaire devra de temps à autre apporter au Cancer des fleurs, un cadeau, surtout les jours de Lune où celui-ci se fait un peu remuer de l'intérieur! Le Cancer devra accepter les invitations du Sagittaire qui décide à la dernière minute d'aller ici plutôt que là parce qu'il devine que ce sera plus amusant! Le Sagittaire est perpétuellement à la recherche de la vérité, et le Cancer est toujours sur le point de la trouver, puis le doute l'assaille. Le Sagittaire pourra alors le rassurer sur ses découvertes car il sait, lui, qu'une chose comprise et admise marque le début de l'aventure et que la lumière brille pour tout le monde.

UN CANCER ET
UN CAPRICORNE

Le Cancer et le Capricorne. Ils s'opposent sur la roue du zodiaque, ils sont totalement différents, mais ils se complètent en même temps. Le Capricorne aimerait vivre d'imagination, s'y laisser aller, y plonger, s'attendrir sur lui-même, penser à son bien-être, le voir petit, même étroit, plutôt qu'en relation avec une foule de gens. Il aimerait voir le monde de près, mais il a tant de mal à se rapprocher. Il est sur sa montagne et s'y sent seul. Cela fait partie de sa vie. On l'a délégué pour veiller au bien être, au confort et à la sécurité de tous et de chacun, alors que le Cancer vit dans un monde plus limité, celui de son entourage proche avec lequel il communique si bien. Il lui arrive d'aller faire un tour dans le grand monde, mais cela ne le rassure pas. Il voit les embûches et il n'a réellement pas envie de se battre. Il préfère retraiter et laisser à d'autres le combat. C'est pour le Capricorne, pas pour lui.

Le Cancer aime parler de ses états d'âme, plonger au coeur même de sa propre sensibilité; le Capricorne, lui, ne peut pas, il s'intéresse surtout à ce que les autres vivent, il a dépassé le stade de l'égocentrisme. En réalité, bien qu'il ait toujours l'air d'être sur ses gardes, il ne se protège pas tant que ça, il ne se replie pas tant que ça sur lui-même. Il sait ce qu'il est, les longues explications n'ont plus d'importance. Il a acquis la patience et la tolérance, l'exception fait la règle, et honte à celui qui ne vit pas sa nature profonde! De plus, il est malheureux. Le Cancer est un signe d'eau et le Capricorne, un signe de terre glacée! S'il n'y a pas assez d'eau qui de plus doit être chaude, le Capricorne n'arrive pas à se pencher vers le Cancer.

Sa nature «montagneuse» est rigide. Le signe d'eau du Cancer est hypersensible et se froisse si facilement que le Capricorne, qui a la manie de dire les choses telles qu'elles sont, sans déguiser la réalité, pourrait anéantir les rêves du Cancer qui ne s'y retrouverait plus s'il ne pouvait laisser libre cours à son imagination et à sa fantaisie. Bien qu'on traite souvent le Capricorne de pantouflard, il n'en est rien; il voit à ses affaires dans le calme et la continuité, et avec un certain détachement, au point qu'on pourrait parfois le croire complètement en dehors de ce qu'il fait. Le Cancer ne peut rien faire sans arroser le tout d'émotions, peu importent la question, le sujet ou l'action à accomplir. Le Cancer pourrait penser que le Capricorne est insensible et le Capricorne, être persuadé que le Cancer l'est trop.

Ils n'agissent tout simplement pas au même rythme. La sensibilité du Capricorne ne s'éveille que sous l'effet de la confiance qu'on lui manifeste. Il se méfie des fausses déclarations. De là-haut, sur sa montagne, il en a vu d'autres! Le Cancer voudrait qu'on lui prouve immédiatement l'attachement qu'on lui porte. Il est en fait comme un enfant qui a peur dans le noir, comparativement au Capricorne. Le danger est que le Cancer devienne dépendant du Capricorne qui, lui, sait qu'il y a des obstacles à franchir pour devenir sage, et qui ne s'appuie sur personne pour les vaincre. Le Cancer a du mal à percevoir qu'il peut faire route seul. Il s'appuie sur la force du Capricorne mais, après quelques années, le fardeau sur les épaules de ce dernier commence à peser, puisque le Cancer s'y est confortablement installé!

Il s'agit ici de deux signes cardinaux. Le Cancer donne des ordres avec délicatesse, ce sont tout de même des ordres, on met juste un peu plus de temps à s'en apercevoir, et le Capricorne commande carrément, selon ses désirs. Voilà un autre point où ils peuvent s'affronter ou se sentir confus. Quand tout le monde donne des ordres, où est le chef? Ou alors nous assistons au «combat des chefs!». Mais il arrive que ce couple puisse s'harmoniser: le Capricorne fait un bout de chemin en direction de la plage et le Cancer quitte le sable chaud pour vivre une mutation où il peut découvrir que ses pinces s'accrochent très bien au flanc des montagnes! Le Capricorne se fera plus tendre pour faire plaisir au Cancer et ménagera ses discours moraux que le susceptible Cancer pourrait prendre pour une attaque. Le Cancer, de son côté, s'efforcera de voir le monde au-delà de son environnement, de sa famille et de ses propriétés. Les deux sont économes: le Cancer pour posséder et assurer sa petite sécurité et le Capricorne pour investir afin de posséder davantage au bout du compte. L'échelle des valeurs du Capricorne est plus grande que celle du Cancer. Il ne faut pas oublier que ce qui intéresse un Capricorne c'est le sommet, et ce qui intéresse un Cancer c'est le confort d'une plage chaude en été. Le Capricorne a généralement un plus grand sens de la justice que le Cancer parce que celui-ci voit plutôt la justice du point de vue de sa protection personnelle. Aussi il est possible que le Cancer reproche au Capricorne de s'occuper de trop de monde alors que, lui, il a tant besoin d'attentions! Le Cancer se rend à peine compte qu'il demande beaucoup... beaucoup... Le Capricorne réalise à peine que certaines personnes ont besoin de plus qu'il ne demande lui-même...

 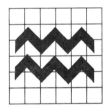

UN CANCER ET UN VERSEAU

Le Cancer et le Verseau. Voilà donc deux signes qui se retrouvent souvent ensemble. Le Verseau étant un peu farfelu, original, marginal même, dans ses comportements, il accepte plutôt facilement les extases, ou les sautes d'humeur du Cancer qu'il considère comme une situation tout à fait normale. Mais il peut arriver que les choses se gâtent. Le Verseau étant un signe de raison et fort indépendant, après avoir écouté, entendu et réentendu le côté tantôt comique et tantôt dramatique du Cancer, s'y étant même habitué, finit par ne plus y attacher d'importance et se détache du Cancer... ou le laisse aller comme on observe un gamin dans un jardin d'enfants!

Le Verseau, signe fixe, peut rester longtemps à son poste d'observation, pour autant qu'il garde sa liberté de penser, d'agir, d'aller et venir à sa guise, et que le Cancer ne lui donne pas d'ordres! Il n'a que faire des manipulations émotionnelles du Cancer. La plupart du temps il ne les voit pas, il ne s'aperçoit pas non plus que le Cancer déploie une énergie monstre pour attirer son attention... Signe d'air, il reste en haut alors que le Cancer, signe d'eau, continue d'agiter ses flots sous le souffle du Verseau! Ce genre d'union peut souvent durer toute une vie, chacun dans ses rêves: le Verseau sur Uranus où rien n'est interdit, et le Cancer sur la Lune où tout est permis. Après quelques années, s'ils ne partagent rien de concret, ils ont bien du mal à se retrouver... Le Verseau est quelque part dans l'espace pendant que le Cancer attend sur la Lune! Peut-être qu'en versant quelques larmes ou en souriant d'espoir aux étoiles... l'une d'elles pourrait lui faire un signe... Dans un monde plus terre à terre, le Verseau se fait souvent petit dictateur qui décide de la vie des autres... Or, le Cancer, signe cardinal, aime bien donner des ordres... que le Verseau n'entend pas et ne veut pas entendre. Le Cancer a beau recourir à toutes les subtilités, l'eau a bien du mal à s'élever dans l'espace et le Verseau ne veut pas quitter l'espace, son royaume!

Finalement, le temps a passé, le Cancer attend de la tendresse, de l'affection et de la compréhension, de l'amour et le mélange des âmes... Le Verseau est individualiste dans son discours humaniste, il comprend tout le monde, tous les humains, sauf le Cancer qui est juste à côté de lui et qui attend une caresse. Ils peuvent vivre ensemble, mais il leur faut, l'un et l'autre, faire des efforts pour entretenir l'amour qui les a tant fait rêver! Le Cancer devra comprendre que le Verseau intellectualise d'abord et avant tout, et le Verseau devra faire l'effort de ressentir les besoins du Cancer qui croit qu'on le devine. Ils devront se parler ouvertement de leurs besoins, de leurs désirs. L'air du Verseau devra éviter de devenir froid, il ferait geler l'eau du Cancer... Certaines de ces unions Cancer-Verseau patinent toute une vie... l'eau attendant le dégel et l'air attendant que l'eau s'évapore pour monter dans l'espace.

74

UN CANCER ET
UN POISSONS

Le Cancer et le Poissons, ça commence par une passion, et ça peut durer toute une vie, mais ce ne sera pas sans quelques douleurs. Ce sont deux signes d'eau, deux grands sensibles! Le Cancer étant un signe cardinal, donc de commandement, voudra régler la vie du Poissons qui, par bonté, acceptera, du moins pendant quelque temps, quelques caprices cancériens. Le Poissons étant un signe double, s'il ressent trop la pression des pinces du crabe, pourra lui glisser entre les pattes, mais deux signes d'eau ne se quittent pas facilement et ils ne peuvent oublier qu'ils se sont aimés et ont du mal, l'un comme l'autre, à accepter la fin d'un amour. Le Poissons a horreur de l'ennui et le Cancer aime bien qu'on l'amuse! Le Cancer, signe lunaire, donc inconstant dans ses humeurs, saura bien créer de la diversité, même s'il faut commencer par des arguments... Tous deux se calmeront dans les bras l'un de l'autre.

Le Cancer a tendance à jouer à l'indépendant mais le Poissons sait fort bien que l'autre n'est pas aussi indépendant qu'il veut le laisser paraître. On ne peut rien cacher au Poissons, il devine, et rien n'est plus clair qu'un Cancer ému... la vibration passe très bien jusqu'au Poissons. Le Poissons est généralement de nature plus tolérante que le Cancer et moins inquiet puisqu'il ressent continuellement l'infini; le monde du Cancer lui paraît alors comme un territoire vérifiable. Il connaît par coeur toutes ses peurs et ses angoisses et il sait le rassurer. Ces deux signes d'eau aiment la tendresse, l'affection, le rêve, et ils peuvent ensemble tout partager. L'un et l'autre se trouvent tout à fait satisfaits d'avoir fait le tour du monde juste par la pensée. Le Cancer est un imaginatif et le Poissons, qui déteste la routine, se sent bien dans la valse des émotions fluctuantes du Cancer. Ces deux signes d'eau peuvent donc vivre ensemble des excès de tous genres. Ils devront se surveiller l'un l'autre pour ne pas sombrer au fond de l'eau! S'ils se font mal, ils souffrent plus qu'ils ne se le disent, et s'ils se séparent, ils ont tous les deux du mal à respirer. Comment deux signes d'eau peuvent-ils respirer la tête hors de l'eau? Ils doivent à tout prix éviter de se blesser, de se tourmenter, de s'inquiéter l'un l'autre. Pour vivre heureux ils doivent aussi apprendre à se faire confiance. Ces deux émotifs affamés d'amour craignent souvent de s'éloigner l'un de l'autre. Le Cancer s'enfouirait la tête dans le sable et le Poissons prendrait le large. Intuitivement ils savent ce qui fait plaisir à l'un comme à l'autre... Ils ne doivent pas refuser de se faire plaisir mutuellement et leur vie sera alors aussi belle qu'un conte de fées!

Ses relations avec les autres signes

 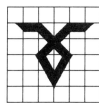

UN LION ET
UN BÉLIER

Le Lion et le Bélier, le Bélier donne des ordres, le Lion n'en prend pas. Deux signes de feu, dynamisme, foi commune, mais chacun a besoin d'être admiré, aimé, adoré si possible! Lequel doit se plier aux volontés de l'autre? Jamais un Lion ne s'inclinera, le roi c'est lui et personne d'autre! Et le Bélier se fâchera, mais comme il oublie ses rancunes, il reviendra sans faire allusion à la dernière scène! Le Lion alors, en bon roi, traitera bien le sujet qui l'a servi, qui se repent, et qui revient dans sa «cour»! S'il s'agit d'une amitié, elle peut durer toute une vie, en amour, ce sera alors une passion et l'un et l'autre devront faire l'effort de la soutenir pour l'un et pour l'autre et ne pas se dire que c'est l'autre qui doit le rendre heureux. Il leur arrive à chacun de croire que c'est toujours au partenaire de faire le premier pas! C'est le devoir des deux de se rendre mutuellement heureux!

UN LION ET
UN TAUREAU

Le Lion et le Taureau. Vous avez là deux spécimens extrêmement butés! Ils ont tous les deux raison, ils sont tous les deux
fiers, ils ne prennent pas d'ordres. Et très peu de conseils, s'il
vous plaît! Pour eux, tout est absolu, décidé! Il faudra beaucoup
de sagesse de part et d'autre pour qu'ils puissent vivre heureux
ensemble. Ils connaîtront plusieurs crises dans leur union et se
demanderont fréquemment s'ils sont faits pour vivre ensemble.
Ils en sont capables, rien n'est impossible. Si l'union ne peut durer,
c'est qu'en tant que signes fixes, ils ne démordent pas, ni l'un
ni l'autre, et, ils ont du mal à s'avouer, autant l'un que l'autre,
qu'ils ont pu se tromper! Mais le temps jouant, les faisant réfléchir, les gardant ensemble, voilà qu'ils emboîtent le pas du côté
de la sagesse, qu'ils se connaissent mieux, qualités et défauts
inclus, et qu'ils en arrivent peut-être bien à admirer leur ténacité
réciproque, leur sens de la continuité, leur passion, bien qu'ils
s'écorchent de temps à autre parce que l'un et l'autre en réclament autant.

Quand le mot compromis fait partie de leur langage, l'entente
est possible. Quand chacun accepte que leur vision des choses,
leurs points de vue soient différents, ça peut aller. Il leur arrive
souvent, plus qu'à d'autres associations, de se heurter, tout simplement parce que chacun a des idées fixes, que chacun a raison... et que ni l'un ni l'autre n'a tort! Surtout, n'allez jamais dire
à un Lion que c'est de sa faute, il ne le supporte pas et, cher
Lion, ne bousculez jamais un Taureau: il avance lentement, sûrement. Il ne peut prendre des décisions aussi rapidement que vous,
ça ne relève pas de sa nature! Le Taureau est le signe du printemps et le Lion, le signe de l'été... ensemble ce peut être toujours la belle saison. Si le Taureau accepte le narcissisme de notre
Lion et si le Lion accepte les incertitudes du Taureau, si le Lion

ne brûle pas la terre de ses rayons, les éléments de la terre germeront et fleuriront. Le Lion maintient son titre de chef supérieur! Le Taureau n'a d'admiration pour le Lion que si celui-ci est un véritable chef, pas une apparence ou un éclair. Le Lion, pour garder le Taureau, devra, en retour, lui accorder du temps exclusif pour lui refaire la cour, pour lui faire de nouvelles promesses quand les anciennes auront été accomplies. Quand la vision du Soleil du Lion s'harmonisera avec celle de Vénus du Taureau, qu'il n'y aura plus entre eux ce désir de dépasser l'autre et de vouloir être plus important que l'autre, ils feront bon ménage.

UN LION ET UN GÉMEAUX

   Le Lion et le Gémeaux sont d'excellents collaborateurs! L'air et le feu! Soufflez de l'air sur le feu et le feu s'élève, c'est bien connu, il s'élève et réchauffe l'air à son tour. Le seul danger, c'est que le vent souffle trop fort. Le feu s'éparpille alors et provoque un incendie ou il y a tellement de feu dans l'air que celui-ci devient irrespirable. Voilà pour la composition chimique, et ça vous donne une petite idée de leurs affinités. Avec le feu on obtient un air chaud et confortable, et avec l'air, on a une brise qui est appréciée quand il fait chaud! Le Gémeaux est le symbole de l'esprit et le Lion, celui d'une force de la nature elle-même puisqu'elle relève du Soleil dont on ne peut se passer. Privés de lumière, les humains ne résisteraient pas longtemps, ils en perdraient l'esprit. S'il y a un combat entre les deux, qui gagnera croyez-vous? Le Lion, naturellement! Sa confiance en lui est telle qu'on ne peut le déloger de son trône. L'esprit Gémeaux peut devenir hésitant en face de la certitude de ce signe fixe qu'est le Lion et, en même temps, le Lion ne fera pas exprès de tourmenter le Gémeaux, pressentant que ce dernier est plus fragile qu'il n'en a l'air avec toute sa connaissance. D'un coup de patte, il tranche l'affaire! Et voilà le Gémeaux aux prises avec un choix à faire, ou plus de choix du tout! Le Gémeaux est un signe double, il veut généralement aller à deux endroits à la fois et faire deux choses en même temps. Le Lion est un signe fixe, et quand il a une idée en tête il la poursuit jusqu'au bout et rien ne l'arrête!

Le plus souvent, ils en viennent tous deux au respect mutuel. Le Gémeaux donne ses idées et le Lion les fait exécuter rapidement et efficacement; il est alors reconnaissant de ce qu'on lui apporte. Il sait très bien dire merci au Gémeaux en lui tenant une conversation telle qu'il l'aime et le Lion le rassure de la permanence de sa protection. En amour, il fait tout naturellement plaisir au Lion de protéger le Gémeaux, il le devine. Le Lion est un signe animal, chez lui l'instinct est puissant, et sous un signe de feu, l'intuition lui vient spontanément, qu'il s'agisse d'un danger appréhendé, de minimiser des dégâts ou d'attraper une grosse prime. Le Gémeaux aura intérêt à le suivre de loin, à se fier à son flair, car il n'est pas non plus démuni de logique, il sait discerner les bonnes occasions et en profiter. Il peut aider le Gémeaux à s'orienter dans une seule direction en lui redonnant confiance. Le Gémeaux, ce signe double qui a toujours envie de partir à la recherche d'une nouvelle connaissance, sera fasciné par l'attention, le sens des responsabilités, le sens de la continuité du Lion, et quand il tente de s'éloigner, il ne s'absente pas trop longtemps, il revient vers la certitude de l'avenir et l'espoir sans cesse renouvelé du Lion. Rien n'est parfait.

Il arrive que le Lion ne puisse supporter l'inconstance du Gémeaux et son manque d'assiduité, tout comme le Gémeaux ne puisse plus supporter le cadre de vie rigide du Lion, ni sa routine. Les manies de ce dernier, bien que royales, n'en sont pas moins répétitives! Le Lion est un signe fixe qui aime bien retrouver ses choses à la place même où il les avait laissées, et qui n'aime pas qu'on vienne «fouiller» dans ses affaires sans sa permission, ce qu'un Gémeaux peut être tenté de faire par curiosité! Pour qu'ils puissent s'aimer longtemps, le Lion se fera plus souple et plus compréhensif face au besoin de renouvellement du Gémeaux. Il devra accepter ses amis, les fêtes où il est invité, participer à son environnement. Le Gémeaux, quant à lui, devra lui aussi se faire plus tendre, plus attentionné, plus romantique et plus assidu dans sa cour, car le Lion aime bien qu'on lui rende hommage et qu'on lui répète qu'on tient à lui. C'est parfois tout ce dont il a besoin pour ne jamais partir!

UN LION ET UN CANCER

Le Lion et le Cancer. Il n'y a pas de gêne avec le Lion, il est fier, heureux et satisfait d'être ce qu'il est, surtout en face du timide Cancer qui a l'air de vouloir se replier ou de disparaître derrière la porte, ou presque... Le Cancer ouvre les yeux d'admiration devant l'audace du Lion, se sent fatigué tout d'un coup. Le Lion continue de réclamer de l'attention, mais le Cancer a envie de retourner sur la Lune pour mieux rêver. Voir le jour tel qu'il est finit par l'énerver. Il préfère l'imaginer, et le Lion est trop concret pour lui pour l'instant. Puis les rayons solaires, vus de près, ça brûle les pinces du crabe qui ne sait plus où les mettre! Le Cancer trouve son énergie à l'intérieur de lui-même, il doit réfléchir à ce qu'il est, à ce qu'il fait, il essaie de mesurer ses pas, de calculer la distance qu'il faudra franchir pour parcourir une route.

Le crabe marche de côté, ne l'oubliez pas. Il fait donc un détour qui le ralentit avant d'atteindre l'objectif. Le Lion n'en fait pas. Il préfère le risque et affronte l'obstacle qui se trouve devant lui. Il lui arrive de se blesser à une patte... Devant le danger, le Cancer s'enfonce dans le sable, il ne bouge plus, s'immobilise et ressort indemne, mais il a manqué le spectacle et n'a pas appris à se défendre. Seule l'expérience peut vous apprendre... Le Lion le sait d'instinct; la prochaine fois, quand il devra affronter un «dinosaure», il le prendra autrement que de face! En amour, le crabe accroche ses pattes et les resserre, lentement, si lentement que le Lion le croirait inerte. Puis voilà que ce dernier commence à sentir qu'on le serre au cou et qu'on pourrait l'étouffer... Enragé, il se défait du crabe et l'envoie d'un coup de patte sur le sable où il s'enfonce de nouveau. Voyons maintenant ces deux signes sous un autre angle. Le Lion est un signe de feu et le Cancer, un signe d'eau. Nous pourrions avoir affaire à un lionceau, un feu peu dense, et à un Cancer expérimenté dans le jeu des sentiments. Voilà donc que l'eau du Cancer envahit peu à peu et en vient à éteindre le feu du Lion qui se retrouve si faible (il se noie) qu'il en déprime! Il leur sera difficile de vivre ensemble.

Le Lion est spectaculaire jusqu'à l'exagération et le crabe de son côté peut être discret jusqu'à l'exagération. Le Lion qui n'a peur de rien, ou presque, fait très peur au Cancer qui a peur de tout, ou presque... Quand ces deux vibrations se croisent, elles s'attirent. Le Lion se souvient du temps où il avait peur et il voudrait bien rassurer le Cancer, mais il n'y arrive que difficilement. Il ne peut lui tenir continuellement la main, il doit partir à la chasse! Le Cancer se sent délaissé et il tire les poils du Lion qui se débat pour sauvegarder sa peau! Le Cancer parle de ses sentiments qui, souvent le font retourner dans le passé, et le Lion lui raconte comment il voit le moment présent, comment il entrevoit l'avenir. Ils s'intéresseront à leurs perceptions différentes. Le Cancer tentera de lui faire comprendre qu'il ne doit pas oublier par où il a passé et ne doit plus y repasser, mais le Lion n'a qu'une chose en tête: si ça a été mal, ne plus y penser et faire autre chose, vite, l'expérience l'appelle.

Comme ils se comprennent difficilement, il est alors plus ardu de faire bon ménage. S'ils veulent vivre ensemble, le crabe devra prendre de la vitesse et aller au-devant des désirs du Lion. Le Lion aime qu'on le serve et qu'on se rende compte de ce qu'il fait pour l'autre, pour lui-même, pour son travail, et pour tout! Il est spectaculaire dans le coeur, dans l'âme, dans l'action; et quand sa vibration est à côté du Cancer, il se sent plus grand encore! Le Lion devra prendre plus au sérieux les craintes du Cancer et lui apprendre doucement qu'en regardant l'étoile polaire il trouvera toujours son chemin. Il devra deviner que le Cancer a besoin qu'on le réconforte, qu'on lui montre de l'affection sans éclats de temps à autre, dans l'intimité. Il devra aussi respecter le besoin du Cancer de se retrouver en tête à tête sans témoin, juste un Cancer et un Lion, sans orchestre, sans danseurs! Le Cancer de son côté ne devra pas décourager les efforts du Lion qui cherche à se dépasser, à dépasser sans cesse ses objectifs, c'est sa nature, il a besoin qu'on la respecte. Le Lion se gardera bien de rire des détours que prend le Cancer pour arriver à destination, c'est sa façon à lui d'avancer sur la route de la vie. Il devra se faire plus patient pendant que le Cancer apprend à aller plus vite. Il ne devra pas reprocher à ce dernier ses peurs de l'avenir. La confiance en soi n'a pas été répartie également sur le zodiaque et les chemins pour parvenir à son plein épanouissement sont différents pour chacun, et chacun se doit de les respecter.

UN LION ET UN AUTRE LION

Le Lion et le Lion, deux signes fixes, deux signes de feu! Ce peut être une passion céleste constante comme un enfer permanent! Ils se ressemblent par leur passion, leur ténacité, leur désir d'être grand, puissant et protecteur. Tous les deux veulent l'exclusivité... il faudra bien qu'ils se l'accordent mutuellement s'ils veulent vivre ensemble! Ils ne supportent pas le mensonge, ou la moitié d'un sentiment, ils détestent les hésitations ou les pourparlers sur la valeur de leur être! Ils veulent qu'on les accepte totalement, sans condition. Ils sont, en fait, le miroir de l'un et de l'autre. Ils peuvent se reprocher les mêmes défauts mais peut-être pas au même moment. Voilà toute la question! Ils peuvent s'adresser les mêmes compliments aussi. Ils peuvent s'admirer ou attendre l'un ou l'autre d'être admiré par l'un et par l'autre. Mais cette dernière attitude risque de miner considérablement leur amour et même d'éteindre leur passion réciproque. Ils ont tous deux des idées bien nettes et bien claires de ce qu'ils attendent de la vie. Le rejet de l'un équivaut au rejet de l'autre. Si l'un essaie de décourager l'autre au sujet d'une entreprise, l'éloignement peut se produire. Ni l'un ni l'autre ne supporte qu'on s'oppose à ses désirs ou à ses ambitions. Pour que ce couple fonctionne, ils ne devront pas se faire concurrence, mais pouvoir s'admirer et s'encourager mutuellement dans des domaines différents. Ils devront tour à tour se faire des plaisirs originaux, s'accorder des moments de plaisirs ensemble, seul à seul, sans témoin, afin de préserver leur intimité. Ils devront tour à tour se donner la première place, tour à tour mettre l'autre en évidence. Il n'y a jamais qu'un seul roi dans un domaine, mais la reine peut aussi avoir son influence, son trône, son siège d'honneur!

Ces deux signes ensemble peuvent s'apporter beaucoup, autant sur le plan de l'évolution intérieure que sur celui de la matière pure et simple. Ils peuvent s'encourager à «faire de l'or», à bâtir une grosse entreprise. Ensemble, c'est l'énergie, le feu de l'action qui se poursuit et se renouvelle. L'énergie peut naturellement être positive, constructive, mais dans certains cas tourner à la destruction. C'est que plutôt d'être ensemble, ils ont alors compétionné! Ayant tous deux un grand respect des enfants, ces derniers peuvent être le centre d'attraction qui les tient ensemble et les aide à grandir en se séparant de leur égo et en apprenant à vivre non seulement pour eux mais pour leurs enfants. Le Lion est généreux, mais il a aussi grand besoin d'attention. Les enfants invitent à détourner de soi cette attention et à l'orienter vers la progéniture, ce qui permet de faire un grand pas de plus sur la voie de l'élévation intérieure. C'est l'affirmation de soi qui tient compte d'autrui.

UN LION ET UNE VIERGE

Le Lion et la Vierge. Voilà un signe de feu et un signe de terre. Le feu peut brûler la terre et plus rien n'y pousse. Jetez de la terre sur le feu et il s'éteint. Chimiquement l'union est dangereuse. De plus, le Lion étant le douzième signe de la Vierge, il pourrait l'éprouver. La Vierge, symbole d'humilité, est confrontée au Lion, symbole du moi extériorisé dans toute sa splendeur!

L'union n'est pas impossible puisque rien ne l'est pour celui qui croit et qui veut! Le Lion devra faire attention à sa «splendeur». Il se sent grand et il lui arrive de faire sentir à la Vierge qu'elle est bien petite et qu'elle ne peut s'élever. La logique de la Vierge peut refroidir le Lion au point que ce dernier prendra la fuite plutôt que de se laisser éteindre.

Le Lion ne craint pas l'avenir, il se fait confiance et fait généralement confiance à la vie. La Vierge est prudente et prévoyante! Elle se fait rarement confiance et fait rarement confiance à la vie elle-même. Elle croit très peu que si on s'occupe de nourrir les oiseaux du ciel on en fera autant pour elle! Elle soupçonne le pire, mais qui n'arrive pas parce qu'elle a tout prévu! Le Lion ne soupçonne pas le pire, qui n'arrive pas non plus parce qu'il a cru en lui et en sa force, et si jamais un coup dur arrive au Lion il aura encore la force de se reprendre. Il est le symbole du Soleil: qui donc pourrait l'éteindre? Personne et pas une Vierge, il ne se laisse faire par personne, il vous le dira lui-même. Le Lion est un instinctif, la Vierge, une analytique. Ils arrivent au même résultat, la différence c'est que le Lion l'a senti tout de suite tandis que la Vierge a activé tout son système d'analyse et parfois elle s'est presque rendue malade!

Pour qu'ils puissent vivre heureux ensemble, la Vierge devra éviter toute critique à l'égard du roi Lion qui n'aime vraiment pas qu'on fasse son procès! Le Lion devra éviter de son côté d'avoir toujours raison et laisser une chance à la Vierge de s'extérioriser à son tour. La Vierge est plus sensible qu'elle ne le laisse paraître et le Lion devra en prendre conscience et quand il a une vérité à dire, le faire avec délicatesse. Et si la Vierge doit faire une critique au Lion, le préparer d'abord par un compliment et finir avec un compliment. Ainsi tout le monde sera content! Le Lion est le plus souvent un être spontané et la Vierge, une personne qui se retient. Le Lion devra l'encourager à dire ce qu'elle pense profondément et la Vierge ne devra pas s'offusquer devant l'explosion ou les explosions verbales du Lion. Le Lion est un passionné et la Vierge, un raisonnable, la différence est puissante. Avec quelques pratiques, le temps faisant bien les choses, le Lion peut devenir un passionné raisonnable et la Vierge, une raisonnable passionnée! Ainsi ils trouveront un terrain d'entente. Le Lion est porté aux grands drames spectaculaires et la Vierge à une multitudes de petits drames intérieurs qui mettent du temps avant d'éclater! Aspects qu'ils devront éviter par l'effort et la bonne volonté! Ils pourraient jouer à cache-cache tous les deux, la Vierge par peur des réactions trop promptes du Lion, et le Lion par crainte de voir la Vierge le bouder durant quelques jours... autre aspect qu'il faut à tout prix éviter pour vivre heureux à deux. Le Lion aime les grandes surprises, la Vierge, les petites, mais plusieurs! Le Lion devra donc faire l'effort de surprendre agréablement la Vierge par de petites attentions et le la Vierge devra épater le Lion, moins fréquemment, mais par de «grosses surprises» dont celui-ci se souviendra longtemps de toute façon.

Ils peuvent faire un grand bout de chemin ensemble, le Lion étant un signe fixe et la Vierge un signe de terre, donc qui s'enracine! S'il survient une rupture, elle ne sera facile ni pour l'un ni pour l'autre. Le Lion considère le divorce comme un échec, il se dit qu'il a failli à sa mission de se faire aimer ou d'aimer passionnément jusqu'au bout, comme son signe fixe le lui suggère. La Vierge, dans son signe double de terre, ne saura plus si elle a raison ou si elle est responsable de la séparation et remuera longtemps au dedans d'elle-même le cheminement qui l'a menée soit à subir ce divorce, soit à le provoquer. Quand ces deux-là se trouveront à la croisée des chemins comme beaucoup de couples aujourd'hui, ils feront tout leur possible pour ne pas vivre une séparation. Ils peuvent arriver à se réajuster, pour éviter le déséquilibre que provoquent les changements de vie: le Lion, par instinct de la survie du couple et par faim de prolongement, la Vierge, par désir de ne rien brusquer, de ne pas détruire ce qu'elle a mis tant de temps à bâtir.

UN LION ET UNE BALANCE

Le Lion et la Balance font un beau duo. Le Lion aime briller et la Balance aime la beauté et l'harmonie. Ils sont donc susceptibles de s'entendre très rapidement et de s'attirer au premier coup d'oeil. La Balance flatte l'oeil et le Lion aime voir la beauté! La Balance ne soupçonne pas, au départ, le côté autoritaire du Lion, il ne le démontre jamais la première fois! Le Lion ne soupçonne pas le côté amoureusement raisonneur de la Balance. Ça ne saute pas à l'oeil non plus. La Balance a l'air de s'emballer et le Lion s'y laisse prendre. Il est un véritable chevalier quand il courtise ensuite, il devient le roi. La Balance risque de ne pas être d'accord avec ce fait jusqu'à la fin de sa vie! Elle aime la justice. Le Lion dit: «Je suis le Tout, justice incluse!» Il en est si persuadé qu'il risque de débalancer les plateaux de la Balance, qui, avec le temps, les réajustera!

La Balance, en général, fait tout son possible pour conserver le lien, et le Lion pourrait même se croire indispensable dans la vie de la Balance, le temps qu'elle réajuste ses plateaux, mais elle n'est pas très rapide. Si la Vierge est une raisonneuse, la Balance l'est tout autant, mais avec le sourire et plus d'optimisme. La Vierge est capable de voir la fin, tandis que la Balance trouve rapidement des solutions de rechange et s'ajuste à l'autre au point de faire ce qu'on nomme du «mimétisme». Elle finit par imiter les besoins de l'autre et les faire siens jusqu'à la période de rejet où elle s'affirme elle-même et dit «voilà: je suis quelqu'un». La délicatesse de la Balance, parce qu'elle cherche à faire plaisir au Lion le plus possible, sera appréciée par lui; cependant il risque au bout d'un certain temps, vu son égocentrisme, de tenir ces délicatesses et ces attentions pour acquises! La Balance étant le signe de la justice et du moitié-moitié commencera un jour à se dire que c'est à son tour de recevoir! Mais le Lion, habitué à la «gâterie», pourrait bien ne pas être d'accord de remettre la juste part qui revient à la Balance, après un temps de réflexion que la Balance devra lui donner. Le Lion est assez généreux et assez lucide pour se rendre compte qu'il a exagéré. Alors la Balance se verra recevoir tout d'un seul coup. On pourra voir ses plateaux osciller dans toutes les directions! Il s'agit ici d'une association entre le feu et l'air. L'air de la Balance soufflant sur le feu incite le Lion à la créativité et à l'éveil de la puissance de ses facultés et possibilités.

La Balance, étant raisonnable, saura aider le Lion à orienter ses énergies dans un sens constructif. De plus, l'amour de la Balance pouvant être constant, et le Lion pouvant s'y fier, le voilà qui grandit et devient de plus en plus fort et plus sûr de lui. Le feu du Lion, de son côté, réchauffe l'air de la Balance et lui donne le goût de l'originalité, le goût d'aller dans d'autres directions que celles qu'elle connaît déjà. Ils sont stimulants l'un pour l'autre. Ils sont capables de s'aimer toute une vie à condition que la Balance soit prête de temps à autre à vivre une originalité, une marginalité. Le Lion aime l'éclat, la distinction, et il souhaite que la personne qui est avec lui en fasse autant. Le Lion devra donc respecter la sensibilité de la Balance, ne pas la tenir pour acquise, même si ça en a l'air! Celle-ci pourrait se réveiller un jour et faire justice! Le Lion en serait fort étonné. Il devra être logique dans les discussions qui demandent de la logique et ne pas se laisser emporter par ses impulsions, même s'il n'est pas d'accord avec la façon de vivre de la Balance qui est trop organisée, trop équilibrée, pas assez excessive.

Le Lion aime vivre des excès de temps à autre. Il n'aime pas l'air constamment tiède ou une égale température, il finit par s'ennuyer alors que la Balance fait tout ce qu'elle peut pour maintenir cet état! Avec un Lion c'est à éviter. Pour vivre toute une vie avec lui, il faut de la fantaisie; il a besoin d'être surpris, épaté, alors que la Balance a besoin de voir son balancier osciller à un rythme égal. Pour qu'ils puissent vivre heureux ensemble, ils doivent éviter la routine. La Balance finit de toute façon par y perdre sa créativité et le Lion, son exaltation!

UN LION ET UN SCORPION

Le Lion et le Scorpion. Le Lion est un félin, et le Scorpion, l'aigle qui survole les terres. Duo étrange! Ils sont forts tous les deux, l'affrontement est évident, cependant il s'agit ici des deux personnages les plus honnêtes et les plus francs du zodiaque, ou alors des pires menteurs. Ils se plaisent, ils se séduisent. Ils peuvent s'aimer passionnément ou se détester comme personne ne peut le faire. Tous deux sont des signes fixes. Ils aiment la continuité, ils ont tous deux envie d'un amour incontesté, sans compromis, sans discussion, je t'aime, tu m'aimes. Ils voudraient que l'amour soit aussi simple. Au fond, ce sont deux chasseurs, l'un au sol, l'autre à partir des sommets. Le Lion ne voit pas le danger, le Scorpion le sent, il voit de loin.

Le Lion croit souvent qu'il peut dominer le Scorpion, mais l'Aigle ne se pose pas, il a besoin de liberté, il ne veut pas être une proie. L'union n'a rien de facile. Ils ont des objectifs, mais ne prennent pas la même route. Ils ne voient pas l'avenir de la même manière. Le Lion aime protéger, se sentir fort. Le Scorpion refuse la protection, il vole seul. Ils mettront longtemps avant de s'apprivoiser. Ils sont, en fait, aussi «sauvages» l'un que l'autre, aussi méfiants, ils ne veulent pas se faire prendre à des pièges. Ils sont tous les deux des signes fixes et ils savent d'instinct que s'ils se lient, ils s'enchaîneront l'un à l'autre pour longtemps. Le Lion déteste les séparations et le Scorpion, une fois qu'il a apprivoisé l'âme, le coeur et le corps du Lion, le fait sien et n'arrive plus à quitter ce qui l'a attaché. Le Lion aime croire qu'il est indispensable, qu'il est fort, qu'on l'admire et il faudra beaucoup de démonstrations de force avant que le Scorpion ne l'admire. Celui-ci réclame des preuves concrètes, et le Lion attend lui aussi de son côté les mêmes démonstrations d'affection. Le Lion aura tendance à vouloir contrôler la vie du Scorpion, mais ce dernier n'accepte aucune limitation. Ils seront toutefois assez honnêtes l'un envers l'autre pour s'expliquer et établir leur territoire réciproque. Si l'un et l'autre réussissent à respecter la nature fondamentale de chacun, si le Lion accepte de laisser le Scorpion voler en toute liberté vers l'exploration de sa vie, et si le Scorpion se pose de temps à autre sans menacer les valeurs du Lion, ils peuvent faire bon ménage. Le Scorpion, symbole de l'Aigle, se fait guide et le Lion n'aime pas qu'on lui dise quoi faire ou ne pas faire. Le Scorpion devra taire sa vision du lointain pour laisser le Lion vivre ses expériences. Le Lion, face au Scorpion, devra l'aimer sans jamais tenter de le capturer, de «mettre sa grosse patte» dessus, s'il veut éviter la rébellion et le combat. L'un et l'autre, et ensemble sont plus sensibles qu'ils ne le laissent paraître, plus touchés l'un par l'autre qu'ils ne veulent bien le démontrer.

Ils peuvent jouer à l'indépendance car ils savent profondément que leur attachement va durer. C'est un lien qui ne connaîtra pas la fin. Ils désirent tous les deux un amour-passion. De ce côté ils savent qu'ils peuvent aller jusqu'à la déraison et ni l'un ni l'autre ne veulent perdre le contrôle ou le céder! Deux puissants, deux irréductibles! Souvent deux inflexibles. S'ils veulent vivre ensemble, il faudra bien que l'un ou l'autre fasse le premier pas. S'ils s'attendent trop longtemps, s'ils mettent trop de distance entre eux, ils risquent de ne plus se retrouver ou de se perdre de vue. Ils devront éviter de jouer à cache-cache et se dire de temps à autre qu'ils ont besoin l'un de l'autre ou du moins qu'ils se sentent bien ensemble! Qu'ils ne s'effraient pas, mais sympathisent. Ils ne devront pas se menacer de repartir chacun de son côté à la moindre contrariété, ce qu'ils risquent de faire l'un comme l'autre. Ils sont à la recherche d'un absolu et ils peuvent le trouver s'ils le veulent!

Généralement ce couple ne peut vivre heureux qu'avec une grande différence d'âge ou quand l'un et l'autre ont vécu des expériences qui les ont fait mûrir jusqu'à la tolérance. Alors seulement ils peuvent se dévouer l'un et l'autre. Parce que c'est ce que chacun réclame de l'autre.

UN LION ET UN SAGITTAIRE

Le Lion et le Sagittaire, deux signes de feu! Deux personnes qui se pardonnent facilement leurs explosions! Le Lion admire l'audace et et le non-conformisme du Sagittaire. Il aime le grandiose, alors que le Sagittaire ne peut vivre sans dépasser quelques limites. N'est-il pas le signe de l'expansion? Le Lion est un signe fixe et le Sagittaire, un signe mutable ou double. Le Lion aime la chasse et le Sagittaire préfère courir. Les voilà donc plutôt satisfaits sur le plan de l'action. Ils ne s'ennuieront pas ensemble. Quand le Sagittaire s'apercevra que le Lion tourne en rond dans sa cage, il aura tôt fait d'inventer un désennui!

Généralement plutôt bavard, le Sagittaire ne se gêne nullement pour dire ce qu'il pense, et le Lion, lui, est plus méditatif, plus songeur et plus tourmenté. Aux grands mots du Sagittaire, notre Lion ne prendra quand même pas trop de temps à réagir et voilà qu'un combat peut s'engager. Les flammes de nos deux signes de feu s'élèvent puis, tout à coup, elles se mêlent et se marient de nouveau pour ne faire qu'un seul feu! Le Sagittaire est plutôt dépensier, en général, l'exception fait la règle; le Lion aime l'argent, le luxe, ce qui est beau, ce qui coûte cher. Alors, pour qu'ils soient vraiment satisfaits de la vie, ils devront avoir beaucoup d'argent afin de pouvoir en dépenser beaucoup! Il arrive que certains Sagittaires préfèrent dépenser l'argent des autres plutôt que le leur.

Le Lion ayant une nature généreuse, il offrira à ce type de Sagittaire le meilleur, et le Sagittaire en profitera tant et tant sans jamais dire merci ou être reconnaissant au Lion. Aussi risque-t-il de voir le Lion lui faire une scène dont il se souviendra longtemps et qui peut aussi provoquer une prise de conscience, tout autant que sa générosité envers le Lion qui l'avait si bien traité jusqu'ici. Quand ils commencent à s'aimer, cela peut ne jamais finir! À moins que le Sagittaire soit infidèle, il est un signe double et il lui arrive de croire que c'est peut-être mieux et meilleur au loin. Le Lion ne le supportera pas. Il demande l'exclusivité en amour. Le Lion pourrait devenir possessif et tenter de limiter les sorties et les visites du Sagittaire à ses amis, autre sujet qui risque de devenir brûlant! Le Lion peut se sentir heureux et à l'aise avec peu de gens autour de lui, alors que le Sagittaire aime être entouré constamment de nouvelles personnes et d'amis. Ils devront en discuter et mettre ce sujet au clair. Ils seront sincères l'un envers l'autre. Le Sagittaire peut toujours essayer de s'esquiver quand il trouve le sujet embêtant, mais le Lion le rattrape et sait fort bien exiger qu'on lui dise tout, parce que lui, il ne se gênera nullement pour lui faire savoir ce qu'il pense de ses attitudes. Une fois le jeu de la vérité terminé, le Sagittaire pourra aller faire une promenade et le Lion sera sorti en claquant une porte. Chacun ira de son côté, ils commenceront à penser séparément, et la vie n'aura plus la même saveur. Mais les voilà qui rentrent; le Sagittaire raconte qu'il a rencontré une étoile qui lui a dit qu'un Lion le cherchait...

UN LION ET
UN CAPRICORNE

Le Lion et le Capricorne. Quoi qu'on en dise, ils vont bien ensemble. Quand ils sont ensemble, le Lion acquiert de la sagesse et de la prudence et le Capricorne se réchauffe et se fait plus léger, moins angoissé et plus audacieux. Le Lion aime l'or, l'argent et la puissance; le Capricorne possède l'énergie et le souffle pour grimper les montagnes et réussir à atteindre le trésor pour ensuite le rapporter au Lion qui, lui, saura fort bien comment le mettre en valeur! Le Lion symbolise le Soleil, et le Capricorne, Saturne, planète d'hiver et de froid. Le Soleil donc peut réussir à réchauffer le saturnien et à faire fondre la glace de ses montagnes. Le Lion, souvent pressé d'atteindre ses buts, manque de prudence de temps à autre. Sans cesse passionné, son plaisir de vivre dépasse le devoir. Le Capricorne, tout au contraire, fait passer le devoir avant tout et il apprend au Lion la patience, le pas à pas, le petit à petit. Le Lion apprend au Capricorne à vivre un peu plus selon ses sentiments et les émotions du moment présent.

Le Capricorne est un signe cardinal, de chef, il donne des ordres, souvent même sans s'en rendre compte. Le Lion, lui, n'en prend pas! Ici nous avons un point sur lequel il peut y avoir mésentente. Par rapport au Capricorne, le Lion est susceptible, alors que le Capricorne a tendance à dire les choses telles qu'elles se présentent, avec le plus grand réalisme. Le Lion le trouve si pratique et si peu fantaisiste! Au début, le Lion sera ravi de voir quelqu'un de solide et de déterminé, puis il commencera à trouver qu'il y manque ce quelque chose d'imprévu qui rend la vie pétillante, attrayante! Le Capricorne est un être qui s'attache lentement mais sûrement. Le Lion, de son côté, est un être passionné et qui le reste pour autant qu'on lui démontre qu'il est important et qu'on lui manifeste des attentions et surtout s'il sent et s'il sait qu'il a l'exclusivité.

Quand le Capricorne sera persuadé que le Lion en question est parfaitement honnête envers lui et que sa passion n'est pas une simulation — il se méfie toujours des grands éclats — alors il donnera au Lion sa protection et sa profonde affection.

 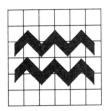

UN LION ET UN VERSEAU

Le Lion et le Verseau s'opposent et se complètent sur la roue du zodiaque. Le Verseau s'occupe de l'univers, alors que le Lion veut qu'on s'occupe de lui! Il faudra que le Verseau soit amoureux fou pour que l'union dure! Le Lion réclame beaucoup d'attentions, et le Verseau n'a que peu de temps à accorder à un seul individu. Il préfère s'intéresser à la collectivité et organiser. Le Lion devra donc être une personne très affairée et ne pas compter sur le Verseau vingt-quatre heures par jour s'il ne veut pas souffrir dans l'attente. Le Verseau est le moins fixe de tous les signes fixes. Il est rarement à l'heure et oublie souvent les promesses qu'il a faites. Il finit par les tenir, mais plus tard, quand la mémoire lui revient! Le Lion représente le coeur, les grands sentiments, les émotions; le Verseau est un être de raison, il analyse constamment ceux qui sont devant lui et il fait l'inventaire de ce qui est bien ou mal chez eux. Le Lion, lui, aime ou n'aime pas, ou bien il est indifférent. Il n'a pas ce besoin d'expliquer qui sont les autres. Il les ressent, il est bien ou mal avec eux, il reste ou il s'en va! Pour que le Verseau demeure fidèle au Lion, il faudra que celui-ci l'épate et lui démontre qu'il est le plus fort, le plus entreprenant, le plus audacieux des deux. Il faudra que le Verseau l'admire, sinon ce signe d'air qu'est le Verseau ne tardera pas à disparaître sous d'autres cieux où l'aventure l'appelle.

Quand deux signes s'opposent sur la roue du zodiaque, un rapport de force peut s'établir, l'un veut dominer l'autre. Le Lion aime régner, le Verseau veut dicter et décider de tout! Ici commence l'affrontement. Le Verseau se veut socialement impeccable et il l'est le plus souvent; il ne commet pas d'erreur devant les gens, il sait quoi dire et quoi faire, il se moule aisément à tous les environnements et à tous les types de société. Il n'en va pas de même pour le Lion qui a besoin de connaître son importance au sein d'un groupe. Il aime savoir quel rôle il joue et surtout il veut pouvoir jouer un premier rôle! Le Verseau, lui, peut jouer tous les rôles, peu lui importe; il est d'ailleurs fort capable de rire de lui. L'essentiel est qu'il a si bien influencé tout le monde qu'il est celui qui a joué le premier rôle... Voilà que, au bout d'un certain temps, le Lion qui n'est pas dupe se rend compte que le jeu du Verseau n'avait qu'un objectif, dicter! Il le fait parfois à son insu. Il commande et dirige tout parce qu'il a raison sur tout. Il finit par écorcher le Lion avec sa raison. Le Lion a besoin qu'on lui parle de sentiments, d'amour! Il aime bien prendre des vacances, se reposer et jouir de la vie. Le Verseau ne connaît que peu de repos, il a toujours quelque chose à faire, quelque chose à explorer. Pour lui, prendre des vacances, c'est finir un travail qu'il avait déjà commencé. Son esprit peut aller d'un sujet à l'autre sans terminer le premier, ce qui peut agacer le Lion qui aime bien terminer ce qu'il a commencé. Le Verseau fait une foule de choses en même temps, temps qui ne peut donc appartenir au Lion qui finit par se sentir délaissé... Pour qu'ils puissent vivre heureux ensemble, le Verseau devra accorder au Lion des moments d'exclusivité et celui-ci devra éviter toute possessivité et donner à l'autre congé de temps en temps. Il arrive au Verseau de n'apprécier quelqu'un que lorsqu'il s'en éloigne!

UN LION ET
UN POISSONS

Le Lion et le Poissons auront bien du mal à se comprendre. Le Poissons ne supporte pas la consistance et la persistance du Lion, et celui-ci n'arrive pas à comprendre de son côté qu'on puisse autant se laisser aller et ne rien désirer de concret. Comparativement au Lion, le Poissons est un contemplatif! Il a son mode d'action, il n'est pas pressé, il a tout le temps devant lui, et entrer dans le feu de l'action risque de l'éloigner de ses rêves! Priver un Poissons de ses rêves, c'est en fait le couper de la réalité!

Le Lion ne voit pas la vie du même oeil, il a besoin de toucher les choses, d'être près des gens, de les sentir, de leur parler, d'entrer en contact. Le Poissons le fait par voie subconsciente, il sait, il ressent profondément et n'a pas besoin de tout expliquer. Il a compris! Le Lion est égocentrique, il exige qu'on s'occupe de lui et parfois avec autorité. Il ne se gêne nullement pour démontrer ses talents, alors que le Poissons, à côté, attend qu'on le découvre, qu'on vienne le chercher. Il se dit que, s'il est digne d'intérêt, on prendra soin de lui. Le Lion n'a pas de temps à perdre, il prend «le plancher». Il agit pour se faire aimer, se faire remarquer aussi. Le Poissons n'agit que s'il est bien, que s'il aime ce qu'il fait, autrement il ne fournit pas d'effort. Pour le Lion, la vie est une conquête; pour le Poissons, c'est un état d'être! Il faudra un merveilleux dosage planétaire pour qu'ils puissent s'entendre. Le Poissons, symbole de Neptune, l'océan sans fin et sans fond... Le Lion, symbole du Soleil, peut toujours réchauffer la surface de l'eau du Poissons mais il aura bien du mal à pénétrer dans l'immensité de ses sentiments et à affronter le tumulte émotionnel quand il y a des remous.

Le Lion comprend ce qu'il voit d'abord, le Poissons ne cherche pas à comprendre, il ressent et analyse tout à la fois. Dernier signe du zodiaque, le Poissons est aussi le plus étrange, le plus complexe. Il comprend tout de chacun et tolère. Le Lion étant le cinquième signe, il n'a pas encore atteint cette étape de l'acceptation. La vibration du Poissons est plus puissante qu'il ne le croit lui-même: il symbolise l'eau, l'élément le plus puissant de notre planète, il représente l'océan à l'infini, la vague qui va et revient sans fin. Il peut transformer tous ceux qui se trouvent près de lui, mais là n'est pas son intention en réalité. Il le fait à son insu.

S'il ne veut que le bien et le meilleur pour le Lion, celui-ci le fera, sans savoir qu'on fait pression sur lui. Si le Poissons décide de noyer le Lion, il le fera, et le Lion n'aura pas eu le temps de voir venir le raz-de-marée! Face au Poissons, le Lion est souvent intolérant, il ne peut comprendre que l'autre n'a besoin que de peu de choses pour être heureux! De l'affection purement et simplement. Les grandes démonstrations n'impressionnent pas le Poissons si elles ne sont pas sincères. Le Poissons, de son côté, s'il veut vivre heureux avec le Lion, devra faire l'effort de quelques démonstrations théâtrales! Moins de poésie et plus d'action!

Ses relations avec les autres signes

UNE VIERGE ET UN BÉLIER

La Vierge et le Bélier se parlent, mais ils ne s'entendent pas. Il leur faut parfois une «grosse» difficulté pour qu'ils en arrivent à s'expliquer. Le Bélier est un signe de feu, il est prompt; la Vierge, un signe de terre régi par Mercure, elle réfléchit avant d'agir, pèse, mesure, ce qui, pour le Bélier, est une véritable perte de temps. Ils ont beaucoup à s'apprendre mutuellement, mais avant d'avoir leur diplôme final, ils devront passer par plusieurs étapes. En arriver à une harmonie parfaite ou presque... n'a rien de simple, mais rien n'est impossible si le signe de terre de la Vierge ne jette pas trop de terre sur le feu qui s'éteint alors et qui meurt... au point de perdre le goût de l'action. La Vierge devra accepter le feu qui tantôt réchauffe et tantôt brûle! Elle devra cesser de réfléchir aux mots passion et spontanéité et les vivre sans se poser de questions. La Vierge, qui est un signe de travail, devra s'arrêter de temps à autre et faire comme le Bélier: goûter, dévorer ce qui est bon et agréable à vivre, sans se poser de questions. Le Bélier ferait bien d'écouter les sages conseils de la Vierge sa prudence peut lui être d'un grand secours.

UNE VIERGE ET UN TAUREAU

La Vierge et le Taureau, voici un couple bien calme, deux signes de terre qui veulent la tranquillité, la paix, la sécurité. Leurs vibrations s'unissent et apportent effectivement le confort matériel. Ensemble, ils défendent mieux leurs intérêts. Ils n'ont pas peur de l'effort, ni l'un ni l'autre, pour se procurer ce dont ils ont besoin et ce qui leur fait envie. Mais... deux signes de terre... pas d'eau... il y a risque de sécheresse... Pas d'air... on ne sait jamais quoi inventer pour se distraire au juste... Pas de feu... où est la passion qui anime les sentiments? Ils peuvent vivre ensemble longtemps, mais peuvent s'ennuyer si l'un et l'autre s'attendent pour se distraire, s'aiguiser. L'attachement se fait immanquablement, mais l'union peut devenir monotone, ils prennent des habitudes jusqu'au jour où ils se rendent compte qu'ils possèdent mais ne font rien de plus que de contempler leurs biens!

Ces deux signes de terre sont bien timides quand il est question de partager leurs sentiments, de se dire ce qu'ils pensent d'eux, de l'un et de l'autre. Ils sont aussi très sensibles et évitent de froisser cette sensibilité tout aussi aiguë chez l'un que chez l'autre. La Vierge entamera la conversation. Si le Taureau se sent trop pris, il peut se taire. La Vierge s'en irritera. Étant un signe double, ayant plus d'audace que le Taureau, elle se trouvera une porte de sortie et le Taureau pourrait bien rester seul. Face à la vibration de la Vierge, il n'ose pas se plaindre. La Vierge, le plus souvent une personne intelligente, peut très bien expliquer par la raison le comportement du Taureau et, à certains moments se montrer froide pour l'impressionner. Si les deux vivent assez longtemps ensemble, après avoir traversé quelques orages ils auront du mal à se séparer. Le Taureau est attachant, il est patient, il aime aussi les fantaisies et l'audace de la Vierge. Il les admire. La Vierge, bien qu'elle soit plus mobile que le Taureau, finit par admettre que cette stabilité et cette sécurité lui conviennent bien, et qu'elle ne pourra être mieux ailleurs et ainsi... la vie continue. Qui n'a pas de réajustements à faire dans sa vie de couple? Ces mêmes ajustements font partie de son évolution. Pour qu'ils puissent être vraiment heureux, pour qu'ils évitent de s'enliser dans la routine, ils doivent faire un effort, chacun son tour, pour inventer un nouvel amusement, un nouveau loisir, un nouveau plaisir. À tour de rôle, ils devront inventer la passion et se refaire des promesses. Et surtout, ils se communiqueront leurs sentiments pour éviter qu'ils ne s'enfoncent sous leurs deux signes de terre, comme on enterrerait l'amour parce qu'il est mort. Cette vie entre Taureau et Vierge peut être une véritable bénédiction. Il suffit d'un tout petit effort de la part de chacun.

UNE VIERGE ET UN GÉMEAUX

Voici deux signes doubles, ce qui fait un couple formé de «quatre» personnes au départ; deux signes régis par la planète Mercure, symbole de logique, d'intelligence, de rationalité. Mercure, dans le Gémeaux, est dans un signe d'air, pas toujours pratique, mais toujours intéressant et souvent rénovateur par ses idées. Mercure, dans la Vierge, est un signe de terre, toujours pratique, mais parfois trop conservateur, les idées étant plus lentes à se développer, par prudence. Ils peuvent donc être agaçants l'un pour l'autre quand vient l'heure de la discussion. Le Gémeaux dit: tout de suite, et la Vierge dit: attends, il faut analyser la situation jusqu'au bout, sérieusement, et surtout ne pas y perdre un sou! Le Gémeaux non plus n'a pas envie de perdre, mais il peut se permettre quelques risques. En fait, il est généralement plus optimiste, plus naïf aussi que la Vierge, qui, elle, peut se tourmenter longtemps pour un détail tandis que, pour le même détail, le Gémeaux a déjà fait son exposé et son explosion! Rien n'est parfait et tout est possible: ils peuvent bien passer toute une vie à discuter. Le Gémeaux sera finalement ébloui par les capacités d'action et d'organisation de la Vierge. Celle-ci se sentira séduite par le charme léger et non envahissant du Gémeaux, car elle est une fine observatrice. Si elle ne tombe pas dans la critique, mais plutôt dans l'éloge, elle peut trouver continuellement des qualités à ajouter à son Gémeaux. Le Gémeaux devra surveiller son vocabulaire, souvent si direct qu'il n'en a pas mesuré la portée et il blesse la Vierge qui est plus susceptible que lui, qui a aussi meilleure mémoire et est plus rancunière. Son processus d'analyse plus lent et plus complexe fait qu'elle est tourmentée. Le Gémeaux, lui, trouve sa solution dans une autre action plus intéressante que celle qui l'a dérangé! La Vierge peut en être surprise, saisie, mais elle peut y prendre une leçon, celle de ne pas s'en faire pour des vétilles! Et le Gémeaux peut, de son côté, développer la capacité de mesurer à plus long terme plutôt que de voir le bout de son nez et de le suivre!

UNE VIERGE ET UN CANCER

Le premier est un signe de terre et le second, un signe d'eau. L'eau peut fertiliser la terre ou la noyer; la terre peut demander tellement d'eau que cette dernière ne fournit pas. Le Cancer est un signe cardinal, donc un signe de chef, de commandement. La Vierge est un signe mutable, considéré comme un signe double, donc qui n'écoute pas vraiment les ordres, ou d'une oreille seulement, ou quand ça lui plaît. Face au Cancer, elle peut ne tenir parole que lorsque celui-ci s'est bien lamenté! La Vierge a le grand défaut de n'arriver au secours d'autrui que lorsque celui-ci est à sa limite. Aussi a-t-elle alors le plaisir de dire qu'elle a sauvé la situation! Pendant ce temps, le Cancer a souffert et il a bonne mémoire! Ils font souvent une bonne équipe, sont d'accord pour se mettre en sécurité, ramasser de l'argent, s'établir et planifier à long terme au sujet de leur confort... La prévention ça les connaît.

Il y manque parfois la fantaisie que le Cancer s'efforce d'apporter et que la Vierge trouve déraisonnable, mais le Cancer est tenace et il finit par obtenir un sourire, et peut-être même à faire rire la sérieuse Vierge. Le Cancer est habile à faire ressentir ses états d'âme, et la Vierge ses états d'esprit, et tous deux exigent que chacun explique à l'autre ce qui se passe. Cependant, ils ne sont pas tout à fait sur la même longueur d'onde. Il faudra du temps pour qu'ils puissent s'ajuster, mais ils sont patients là-dessus. Le Cancer s'agrippe avec ses pinces de crabe et la Vierge s'enracine avec son signe de terre et prend l'habitude d'être agrippée par le Cancer! Une fois qu'ils se seront compris, la Vierge pourra expliquer les émotions multiples du Cancer et le Cancer pourra suivre les déroulements mentaux de l'esprit supra-logique de la Vierge.

La Vierge n'est pas dépourvue d'émotions, mais elle ne tient pas particulièrement à s'y maintenir, cela ralentirait sa productivité, symbole du travail, du concret. Les choses doivent se faire et il ne faut pas se plaindre. Le Cancer, signe d'eau, symbole de la Lune, des émotions, n'est pas démuni de logique, seulement il agit davantage sous l'impulsion du sentiment du moment présent. C'est pourquoi il lui arrive d'avoir des sautes d'humeur qui surprennent la Vierge, laquelle, en toute logique, n'arrive pas à comprendre comment on peut rire dans un moment sérieux et pleurer quand c'est le temps de s'amuser. Le Cancer aime l'ordre selon le ravissement qu'il lui procure. La Vierge aime l'ordre pour éviter les pertes de temps: production, organisation matérielle. L'amitié les lie le plus souvent au début et c'est lentement qu'ils s'attachent l'un à l'autre. Le Cancer finit par émouvoir la Vierge et celle-ci finit par faire confiance aux pressentiments de l'autre. L'amour peut paraître comme une chose évidente au Cancer qui doit donner à la Vierge le temps de bien analyser l'objectif que l'amour peut joindre.

UNE VIERGE ET UN LION

Voilà un signe de terre et un signe de feu. Le feu peut brûler la terre et plus rien n'y pousse. Jetez de la terre sur le feu et il s'éteint. Chimiquement l'union est dangereuse. De plus, le Lion étant le douzième signe de la Vierge, il pourrait l'éprouver. La Vierge, symbole d'humilité, est confrontée au Lion, symbole du moi extériorisé dans toute sa splendeur! L'union n'est pas impossible puisque rien ne l'est pour celui qui croit et qui veut! Le Lion devra faire attention à sa «splendeur». Il se sent grand et il lui arrive de faire sentir à la Vierge qu'elle est bien petite et qu'elle ne peut s'élever. La logique de la Vierge peut refroidir le Lion au point que ce dernier prendra la fuite plutôt que de se laisser éteindre. Le Lion ne craint pas l'avenir, il se fait confiance et fait généralement confiance à la vie. La Vierge est prudente et prévoyante! Elle se fait rarement confiance et fait rarement confiance à la vie elle-même. Elle croit très peu que si on s'occupe de nourrir les oiseaux du ciel on en fera autant pour elle!

Elle soupçonne le pire, qui n'arrive pas parce qu'elle a tout prévu! Le Lion ne soupçonne pas le pire, qui n'arrive pas non plus parce qu'il a cru en lui et en sa force, et si jamais un coup dur arrive au Lion il aura encore la force de se reprendre. Il est le symbole du Soleil: qui donc pourrait l'éteindre? Personne et pas une Vierge, il ne laisse faire personne, il vous le dira lui-même. Le Lion est un instinctif, la Vierge, une analytique. Ils arrivent au même résultat, la différence c'est que le Lion l'a senti tout de suite tandis que la Vierge a activé tout son système d'analyse et parfois elle s'est presque rendue malade! Pour qu'ils puissent vivre heureux ensemble, la Vierge devra éviter toute critique à l'égard du roi Lion qui n'aime vraiment pas qu'on fasse son procès! Le Lion devra éviter de son côté d'avoir toujours raison et laisser une chance à la Vierge de s'extérioriser à son tour. La Vierge est plus sensible qu'elle ne le laisse paraître et le Lion devra en prendre conscience et quand il a une vérité à dire, le faire avec délicatesse. Et si la Vierge doit faire une critique au Lion, elle doit le préparer d'abord par un compliment et finir avec un compliment. Ainsi tout le monde sera content! Le Lion est le plus souvent un être spontané et la Vierge, une personne qui se retient. Le Lion devra l'encourager à dire ce qu'elle pense profondément et la Vierge ne devra pas s'offusquer devant l'explosion ou les explosions verbales du Lion. Le Lion est un passionné et la Vierge, une raisonnable, la différence est puissante. Avec quelque pratique, le temps faisant bien les choses, le Lion peut devenir un passionné raisonnable et la Vierge, une raisonnable passionnée! Ainsi ils trouveront un terrain d'entente.

Le Lion est porté aux grands drames spectaculaires et la Vierge à une multitude de petits drames intérieurs qui mettent du temps avant d'éclater! Aspects qu'ils devront éviter par l'effort et la bonne volonté! Ils pourraient jouer à cache-cache tous les deux, la Vierge par peur des réactions trop promptes du Lion et le Lion par crainte de voir la Vierge le bouder durant quelques jours... autre aspect qu'il faut à tout prix éviter pour vivre heureux à deux. Le Lion aime les grandes surprises, la Vierge, les petites, mais plusieurs! Le Lion devra donc faire l'effort de surprendre agréablement la Vierge par de petites attentions et la Vierge devra épater le Lion, moins fréquemment, mais par de «grosses surprises» dont celui-ci se souviendra longtemps de toute façon. Ils peuvent faire un grand bout de chemin ensemble, le Lion étant un signe fixe et la Vierge un signe de terre, donc qui s'enracine!

S'il survient une rupture, elle ne sera facile ni pour l'un ni pour l'autre. Le Lion considère le divorce comme un échec, il se dit qu'il a failli à sa mission de se faire aimer ou d'aimer passionnément jusqu'au bout comme son signe fixe le lui suggère. La Vierge, dans son signe double de terre, ne saura plus si elle a raison ou si elle est responsable de la séparation et remuera longtemps au-dedans d'elle-même le cheminement qui l'a menée soit à subir ce divorce, soit à le provoquer. Quand ces deux-là se trouveront à la croisée des chemins comme beaucoup de couples aujourd'hui, ils feront tout leur possible pour ne pas vivre une séparation. Ils peuvent arriver à se réajuster, pour éviter le déséquilibre que provoquent les changements de vie: le Lion, par instinct de la survie du couple et par faim de prolongement, la Vierge, par désir de ne rien brusquer, de ne pas détruire ce qu'elle a mis tant de temps à bâtir.

UNE VIERGE ET
UNE AUTRE VIERGE

La Vierge et la Vierge, deux signes de terre, deux signes mutables, tous deux fort préoccupés par la sécurité, le confort, le travail, l'organisation matérielle. Il ne faut manquer de rien. Ici la logique fait la loi, le raisonnable! Il n'y a rien de plus difficile que de vivre avec son double, mais c'est une grande évolution que ces deux signes identiques peuvent vivre ensemble. Ils ne pourront se reprocher l'un et l'autre d'être trop prévoyants, trop méticuleux! Ils sont sensibles, aussi éviteront-ils de froisser leurs sentiments. Ils ne pourront pas non plus se reprocher d'être trop travailleurs, trop zélés à leur emploi, ou dans leur commerce. Ce peut être l'entente parfaite, sauf si l'un et l'autre commencent à se critiquer et à se faire des reproches. Ils seront subtils mais perçus. Il arriverait qu'au bout de quelques années ils seraient complètement démolis l'un et l'autre!

Peut-être auront-ils un peu de mal à exprimer leurs sentiments. Il faudra qu'ils fassent l'effort voulu et qu'ils ne parlent pas continuellement de ce qu'ils bâtissent ensemble sur le plan matériel. L'union deviendrait vite froide, sèche, sans saveur! Tous les deux sont économes et prévoyants, mais il ne faudrait pas qu'ils se privent de vacances sous prétexte qu'il faut penser aux vieux jours. Les vieux jours arriveraient et ils auraient oublié quelque chose d'essentiel: rire et vivre ensemble. Un peu de fantaisie ne fait pas de tort, mais stimule la créativité. Ces deux signes étant plutôt susceptibles, ils doivent éviter de se piquer. Ni l'un ni l'autre n'exprimera son mécontentement et au bout de quelques années l'union éclaterait dans le plus grand désarroi émotionnel. Ils auraient tout à coup tout à se dire et ça ne serait pas bien joli! Ils ont tous les deux bonne mémoire et un sens aigu du détail! Pour qu'ils soient heureux, ils devront se féliciter et s'encourager à poursuivre les objectifs, ne pas se faire de reproches sur les petits détails qui ne changent rien à l'ensemble de la vie. Ils devront se parler d'amour, de sentiments, avoir des loisirs qui leur permettent de rencontrer différentes personnes, sinon ils se replieraient sur leur sécurité et finiraient par n'y trouver que de l'ennui. Ils devront se rendre service sans jamais faire de calcul parce que, dans la vie, tout finit par s'équilibrer. S'ils ont des enfants, ils devront faire attention de ne pas brimer chez eux le goût de la créativité. Ils se garderont bien de tout prévoir pour leurs enfants, les laissant plutôt choisir. Les enfants pourraient bien ne pas être du signe de la Vierge et désirer une vie plus palpitante, moins mesurée. La vie entre deux Vierges peut être merveilleuse comme elle peut être faite de douleurs et de sacrifices si les deux hésitent à manifester et à décrire leurs profonds besoins. Quand ils se sont rencontrés, ils parlaient d'assurer leur avenir. S'ils veulent vivre un avenir heureux, ils doivent réaffirmer souvent l'amour qu'ils se portent l'un l'autre.

UNE VIERGE ET UNE BALANCE

La Vierge et la Balance sont de bonnes amies; elles sont d'un commerce facile et parlent intelligemment toutes les deux. Quand leurs vibrations se nouent, la Vierge envie le détachement de la Balance et sa capacité d'aimer à certains moments hors de sa raison. La Balance admire le côté spéculateur, organisateur de la Vierge qui sait penser à elle d'abord et avant tout. Étant un signe de Vénus, elle pense amour: «j'Aime». L'autre, la Vierge, pense vivre d'une manière confortable avec la Balance. Ce qui fait quand même toute une différence dans l'organisation de la pensée. D'une nature créative, la Balance a grand besoin d'affection pour produire, faire, agir. Sans l'amour, elle paralyse, ou presque. La Vierge, elle, peut vivre seule et se contenter pendant longtemps d'analyser une situation. Elle est en fait le signe le plus apte à vivre seul, sans dépendance et sans trop souffrir de sa solitude. Elle travaille, elle fonctionne et étant le symbole du travail, c'est souvent ce dernier qui prend toute la place et même celle de l'Amour, celui avec un grand A.

Les deux ne sont pas incompatibles malgré la différence de leur vision sentimentale. La Vierge, signe de terre, s'enracine donc et reste auprès de la Balance même si, de temps à autre, l'exaltation de celle-ci l'agace. La Balance, symbole de Vénus, deux plateaux qui oscillent, pourrait ne pas se sentir bien en présence de la Vierge à un moment de sa vie, mais elle ne partira pas. Elle oscille, le temps passe, l'union se soude de plus en plus, les habitudes sont prises et toutes deux ont appris à se connaître et à se reconnaître intelligemment. Elles peuvent donc en arriver à une discussion sur leur union qui leur permettra de continuer parce que c'est commode pour la Vierge, et que la Balance, de son côté, ne peut vivre sans affection... ce que la Vierge lui donne à la miette, mais certaines Balances s'en contentent parce que, au fond d'elles-mêmes, elles idéalisent plus qu'elles ne vivent leur relation.

La Vierge étant le douzième signe de la Balance, elle symbolise son épreuve. Elle a tendance à freiner l'autre, à la retenir, alors que la Vierge pousse la Balance à l'analyse, à la rationalité, au point où cette dernière, qui a déjà un peu de mal à faire confiance aux gens, ne sourit plus que les dents très serrées de peur qu'on lui enlève quelque chose. La Vierge, de par son signe de Mercure, la raison, l'ordre et l'organisation, influencera la Balance à en faire autant et à se consacrer à une carrière plutôt qu'à l'amour. Attention! La Balance est un signe d'air et l'air peut devenir très froid; la Vierge un signe de terre et l'air froid pourrait tout à coup congeler la terre plutôt que de souffler une brise légère qui la réchaufferait ou la rafraîchirait! Quand cela se produit, la séparation n'est peut-être pas très loin. La Vierge est une personne critique, et le plus souvent ses critiques sont d'une extrême justesse. La Balance, dans son signe de Vénus, préfère voir le beau côté de la vie et finit par mal supporter les remarques de la Vierge qui, bien que justes, finissent par miner l'énergie de l'autre. La Balance apporte à la Vierge la certitude de l'amour, des sentiments. Elle lui donne l'occasion de les exprimer d'abord, pour ensuite les vivre. La Vierge n'est pas insensible, elle a simplement peur de livrer le fond d'elle-même, elle pourrait être vulnérable. Et en tant que signe mercurien, elle veut que l'esprit fasse la loi, les sentiments c'est du gâteau au dessert. Ces deux signes s'attirent sur la roue du zodiaque, mais rien ne garantit qu'ils passeront toute une vie ensemble. La Vierge en doute, la Balance espère. Le doute finit par miner l'espoir et l'éloignement commence son ravage.

Pour qu'elles puissent vivre heureuses ensemble, elles devront faire l'effort de faire abstraction toutes les deux de leur passé et vivre la minute présente en route vers l'avenir. Les souvenirs sont tenaces chez l'une comme chez l'autre, elles doivent éviter de se reprocher leurs petits défauts. La Balance ne devra pas dicter à la Vierge son comportement en société, et la Vierge ne devra pas reprocher à la Balance son romantisme et son goût d'être différente, même quand cela s'éloigne de la logique, par rapport à la Vierge naturellement. Toutes deux devront éviter de dramatiser les petits événements ou le placotage qui les empêcheraient d'être l'une près de l'autre puisqu'elles ne parleraient que des autres. La Vierge, en face de la Balance, a tendance à demander à être servie! Par amour, la Balance ne peut refuser, mais au bout d'un certain temps, quand c'est toujours la même personne qui donne... Face à la Vierge, la Balance a tendance à développer une dépendance matérielle, sachant très bien que la Vierge est prévoyante et a de l'argent de côté. Et la Balance pourrait bien s'appuyer non pas sur son autonomie financière mais sur celle de la Vierge et, au bout d'un certain temps, quand c'est toujours le même qui paie...

Il n'est jamais facile de respecter les différences et quand les signes sont juste l'un à côté de l'autre ils se ressemblent, mais sont en même temps très différents l'un de l'autre!

UNE VIERGE ET UN SCORPION

La Vierge et le Scorpion sont très différents l'un de l'autre. La Vierge devine pour l'immédiat et le Scorpion voit à long terme. La Vierge n'arrive pas toujours à saisir le comportement du Scorpion qui, parfois, n'a pas l'air d'agir dans son intérêt, par rapport au jugement d'une Vierge, au moment où il fait quelque chose. La Vierge, pour être sûre de quelque chose, doit toucher et le Scorpion se contente souvent de ressentir et de croire. Ce sont deux angoissés, mais d'une manière différente: la Vierge s'en fait pour une foule de détails, le Scorpion, pour l'ensemble de la vie, la sienne et celle de ceux qui l'entourent.

Le Scorpion est direct dans ses opinions, il ne cherche pas à flatter. La Vierge «tourne autour du pot», ne veut pas tout dire au cas où elle devrait penser autrement dans quelque temps. Le Scorpion émet son opinion et s'il doit en changer, il se prononcera de nouveau en ajoutant que tout le monde a bien le droit de se tromper. En amour le Scorpion s'engage, il aime ou il n'aime pas. La Vierge s'engage en se réservant une porte de sortie. Le Scorpion le sait. Aussi, devant les hésitations de la Vierge comprend-il qu'il ferait bien de rester prudent sauf que, s'il devient prudent en amour, il y a danger qu'il prenne carrément la porte et ne revienne plus jamais.

Il n'aime pas la moitié d'une passion, il la veut totale, tout comme il se donne, il veut qu'on lui apporte la même part d'amour et de passion. En face de la Vierge, il est tolérant. Lui-même étant un angoissé, il comprend très bien les craintes de la Vierge. Seulement, quand les craintes se font quotidiennes, à répétition et sans fin, lui qui n'a que des phases de questions sans réponse, se lasse d'entendre continuellement les plaintes de la Vierge. La Vierge finit par demander continuellement l'approbation du Scorpion qui, lui, s'impatiente de ne pas être entendu. La Vierge admire la force et le courage du Scorpion qui, étant signe fixe, guide solidement le bateau de la vie sur lequel ils ont embarqué. Le Scorpion aime la conversation de la Vierge qui parle beaucoup et de tout. Il aime ses idées, même si elle ne les met pas toujours à exécution. La Vierge étant un signe de service, si elle admire le Scorpion, elle pourra le servir dignement et lui vouer une grande affection, et peut-être bien que le Scorpion finira par éveiller la passion de la Vierge et peut-être bien que la Vierge finira par démontrer au Scorpion qu'il vaut mieux doser que de faire une indigestion. La Vierge peut enseigner la prudence et la patience au Scorpion, et celui-ci faire comprendre à la Vierge que la spontanéité a sa place et qu'elle est bien humaine. S'il survient une séparation entre les deux, après qu'ils se soient aimés, il en restera toujours une amitié et un respect mutuel. Tous les deux sont trop intelligents pour se détruire. Une séparation, ça fait bien assez mal comme ça! Ils auront du mal à se séparer, le Scorpion étant un signe fixe et la Vierge un signe de terre qui prend racine.

  **UNE VIERGE ET UN SAGITTAIRE**

Étrangement, ils se rencontrent. Au départ, ils ne sont pas faits pour vivre ensemble. Le Sagittaire n'a pas peur de l'insécurité, de l'aventure. Il est le signe de l'expansion, de l'exagération, tandis que la Vierge, au contraire, limite, restreint, calcule, analyse et porte attention à toutes les petites choses devant elle. Pourtant, de nombreux couples Vierge et Sagittaire vivent ensemble et sont heureux. La Vierge s'est laissé épater par l'aventure et le Sagittaire a appris à se modérer pour vivre un meilleur équilibre. Là où ils ont le plus d'affinités, c'est sur les valeurs morales. La Vierge, constamment à la recherche de la vérité, se laisse tou-

109

cher par la foi du Sagittaire qui croit sans avoir le besoin de voir pour croire. Il réussit à prouver maintes et maintes fois à la Vierge qu'en croyant on soulève les montagnes. La Vierge, de son côté, a démontré au Sagittaire qu'en se préoccupant des détails on fait avancer l'ensemble d'une entreprise et qu'on ne perd pas de temps à tâtonner quand on a tout prévu. La Vierge est le symbole de l'humilité, contrairement au Sagittaire qui s'aime assez bien et qui est conscient de sa valeur et de sa force. La Vierge apprend donc à s'aimer puisque ça réussit bien au Sagittaire, et celui-ci apprend à se laisser découvrir plutôt que d'étaler ce qu'il est! Mais rien n'est parfait. La Vierge est une personne critique. Le Sagittaire ne l'est pas, il prend en général les gens tels qu'ils sont, sans faire d'histoire. La Vierge est subtile dans ses critiques et elle a généralement raison.

Le Sagittaire, qui ne se préoccupe que très peu des détails, pourrait se voir reprocher son manque ici et là et, au bout de trois, dix ou vingt ans, il a la sensation qu'il fait tout mal, et le voilà découragé et ne s'aimant plus... Nous avons là alors le plus triste et le moins productif des Sagittaires! Le Sagittaire peut étourdir la Vierge, il est constamment en action, il a besoin de voir des gens, de se mouvoir, aussi de s'évader seul et d'aller visiter ses amis. Et pour ce faire, il délaisse la Vierge... Mais après quelques années, la Vierge ne le supporte plus. Elle a tout noté dans son carnet intime qu'elle remet sous le nez du Sagittaire, lequel n'en revient pas d'avoir été aussi bête! Il aurait fallu le lui dire tout de suite... seulement, il n'aurait pas écouté. Le Sagittaire a ce petit côté signe de feu: il suit ses impulsions, ses désirs, sans toujours se demander ce qu'on en pense. Il s'aime tellement qu'il en oublie d'aimer les besoins de l'autre! Tous deux s'entendront généralement bien sur le plan de la famille.

La Vierge tient à ce que les enfants soient bien éduqués, et le Sagittaire souhaite qu'ils soient heureux. En combinant les deux, cela fait des enfants heureusement éduqués. Le Sagittaire, s'il veut vivre heureux et longtemps avec la Vierge, devra éviter de froisser les sentiments de celle-ci en disant des vérités trop crûment. La Vierge demande qu'on y pense avant de lui dire quelque chose qui pourrait lui laisser voir ses imperfections. De son côté, elle devra être prête à suivre le Sagittaire dans son aventure autour du monde et se laisser éblouir par tout ce qui est neuf, et surtout ne pas critiquer ce qui est différent de ses valeurs et conceptions!

UNE VIERGE ET
UN CAPRICORNE

Deux signes de terre; le Capricorne donne des ordres et la Vierge est de service. Pratiques, ils peuvent bâtir ensemble une entreprise à succès et assurer royalement leurs vieux jours. Deux signes de terre, ça fait tout de même un peu sec... pas d'eau. Les émotions sont enterrées sous le champ fauché de la Vierge ou glacées sur le sommet de la montagne du Capricorne! Ils peuvent finir par trouver la vie ennuyeuse, monotone de jour en jour. Le compte en banque monte toujours, on a fait plusieurs acquisitions, mais on a oublié de s'amuser. On fait des visites obligatoires pour entretenir certaines relations, ça peut toujours être utile! Leur monde a tendance à se rétrécir: la famille et eux, les enfants et eux, et quand les enfants quittent le foyer, les voilà seuls l'un en face de l'autre. Il faudra alors qu'ils s'inventent un nouveau travail commun, se fixent un nouvel objectif concret. Finalement, la vie coule facilement entre eux, ils sont trop raisonnables et trop sages pour s'affronter, puis il est inutile de dire à l'autre ce qu'on n'aime pas de lui, ça n'y changerait rien, et chacun de son côté pense de cette façon...

La vie continue et on s'ennuie de plus en plus. Le couple peut durer toute une vie: ils se rendront des services, seront présents l'un à l'autre, auront des attentions physiques matérielles, éviteront le plus possible de dire tout haut leur fantaisie, leurs besoins intérieurs car ils ne voudraient pas passer l'un en face de l'autre pour des personnes capricieuses ou déraisonnables! Fort heureusement, en vieillissant, le Capricorne commence à rajeunir et à exprimer plus librement sa pensée, ce que la Vierge appréciera. Enfin, un autre genre de communication! Et voilà que, sur le tard de leur union, commence le plaisir! Ils se donnent le droit d'être fantaisistes, de faire des choses pas comme les autres, de voyager, de dépenser. Ils ont bien assez amassé, il est alors temps de se faire plaisir et ça leur va très bien! Ils pourront se dire qu'il leur a fallu toute une vie pour être parfaitement à l'aise dans leur peau! Quand le Capricorne rajeunit et que la Vierge se décontracte, rien ne peut plus les arrêter, c'est la fête continue et leur anniversaire tous les jours. Ils feront certainement causer le voisinage. Que leur importe, ils s'aiment et ils ont bien le droit de s'aimer différemment des autres...

 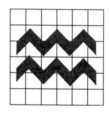

UNE VIERGE ET UN VERSEAU

Ils sympathisent immédiatement. Deux génies qui se rencontrent... ou la folie! Ils causeront beaucoup ensemble, leurs vibrations les provoquent à la multiplication des idées. La Vierge est généralement une personne raisonnable et le Verseau en a l'air! Elle sent qu'elle pourra vivre une grande excitation avec le Verseau, elle ne repoussera pas sa soif d'innovation. Elle est un signe double, mutable, qui prend parfois la fuite ou a besoin de s'évader pour se retrouver. Le Verseau, signe fixe, est le dictateur du zodiaque, mais sans en avoir l'air. Il prêche l'humanisme! Son message, la plupart du temps, est «justice, liberté, égalité pour tous, mais moi au-dessus!» Voilà que la Vierge s'est attachée au Verseau. Elle est amoureuse de l'intelligence, de la raison, et le Verseau en a à revendre.

Personne sensible, bien qu'elle tente continuellement de le cacher, elle ressent immédiatement ce qui la blesse ou lui fait plaisir. Le Verseau est sensible également mais il l'est à retardement! Sous un air jovial et raisonnable, il passe la plupart de son temps à dicter à la Vierge sa conduite. Il y va par comparaison, par progression. Tous les jeux de l'analyse y passent. Il oublie de demander à la Vierge si elle va bien ou mal. Il demande plutôt comment vont les affaires, le travail, telle ou telle personne.

Il s'intéresse à l'humanité, mais il oublie de s'intéresser à la personne qui vit près de lui. Lentement le mal gruge. La Vierge n'en peut plus qu'on ne s'intéresse qu'à ce qu'elle fait. Elle aussi elle est quelqu'un! Il faudrait que le Verseau s'en rende compte. Un jour, la Vierge annoncera au Verseau qu'elle part en voyage, et celui-ci qui peut très bien vivre à distance n'y voit aucun inconvénient. Cependant, au bout de quelques jours, il pourrait se demander si on ne l'a pas quitté. Je vous l'ai dit, le Verseau est si préoccupé par l'avenir et par les gens qui l'entourent, qu'il en oublie le moment présent et ne voit pas la personne qui l'aime désespérément. Étant un signe fixe, il ne démissionne pas facilement quand il s'est engagé. Comment aurait-il pu se tromper?

Et comme tout signe fixe, il prend des habitudes, bien qu'il soit le moins apte à en prendre. La Vierge, étant absente, éveille les émotions du Verseau! Et quand il dira «je t'aime», il ne faudra pas l'oublier et ce sera vrai! Un jeu intellectuel peut exister entre eux, un rapport de forces, une lutte d'intelligence, mais le jeu est malsain. Le Verseau veut dominer et la Vierge ne tient pas à se laisser mener. Signe double, elle aime qu'on respecte sa liberté d'esprit. Elle est critique. Le Verseau manifeste souvent une grande assurance dans ce qu'il croit et il le dit ouvertement, et la Vierge peut y trouver une faille, puis une autre... et voilà que l'un et l'autre se démolissent et c'est la fin. Ils se seront attirés pour ensuite s'éloigner difficilement, la Vierge, profondément blessée de n'avoir pas été aimée, et le Verseau, de n'avoir pu être heureux avec l'autre et les autres. Ces deux signes ensemble peuvent s'éprouver, et c'est parfois de l'épreuve que viennent les grandes preuves!

UNE VIERGE ET UN POISSONS

Ils s'opposent sur la roue du zodiaque. Ils s'attirent aussi, parce qu'ils peuvent se compléter. La Vierge est très préoccupée de ce qu'on pense d'elle, et c'est loin de l'esprit du Poissons qui, lui, ne désire qu'une chose: vivre sa vie à lui et non celle des autres, ni en fonction des autres! La Vierge est une personne de détails, et le Poissons est la représentation de l'Infini, de ce qui n'est plus mesurable! Nous avons donc là deux mondes totalement différents. Pourtant, rien n'est impossible. La Vierge symbolise l'humilité, le service à autrui. Le Poissons est celui qui, en fait, a besoin de se sacrifier et parfois de sacrifier toute son existence à autrui pour se sentir quelqu'un. Dès que la Vierge entre quelque part, elle observe et se dit qu'il faudrait changer ceci et cela. Le Poissons, de son côté, ne se fait jamais juge et peut vivre à peu près n'importe où.

S'ils font ménage ensemble, la Vierge devra s'occuper de tout, ou presque, ce qui est d'ordre matériel, d'organisation d'une vie à deux. Le Poissons ne s'occupe que des sentiments, du monde intérieur. Ce qu'il voit lui importe peu. Ce qui compte, c'est qu'il se sente bien en lui-même et avec l'autre. Il n'a pas toujours les deux pieds sur terre alors que la Vierge, dans son signe de terre, les a assurément. Le fardeau matériel peut être difficile à porter pour la Vierge et si elle néglige le monde des sentiments en se préoccupant trop de la vie matérielle, cela peut rendre le Poissons mal à l'aise à un point tel qu'il fait sa valise. Il est toujours plus indépendant qu'il en a l'air. Il arrive qu'ils ne s'aiment pas à première vue: la Vierge est trop superficielle pour le Poissons, trop mesurée. Le Poissons fait peur à la Vierge qui pressent qu'il pourrait l'entraîner à la dérive sur un océan où elle n'aura plus à se servir de sa logique mais bel et bien de son radar émotif, et ça, ça fait peur à une Vierge qui n'est pas démunie d'émotions, même avec toute sa belle raison. Ils peuvent aussi s'aimer spontanément. La Vierge apprendra au Poissons qu'il faut garder les pieds sur terre pour assurer son existence et qu'il faut achever ce qu'on a commencé. Le Poissons enseignera à la Vierge qu'il faut vivre sur le fil de la vie sans trop se préoccuper de l'avenir matériel, que le ciel fournit toujours l'essentiel et que l'humain se crée plus de besoins qu'il n'en faut au détriment de sa vie amoureuse!

Ses relations avec les autres signes

UNE BALANCE ET UN BÉLIER

Ils seront fortement attirés l'un vers l'autre, mais rien ne garantit que ça durera! Ils peuvent aussi trouver leur équilibre et se compléter, puisqu'ils sont l'un en face de l'autre sur la roue du zodiaque. Il s'agit de deux signes cardinaux, deux «généraux», le Bélier, directement, et la Balance, avec un beau sourire entre les dents! Le Bélier est un signe de feu et la Balance, un signe d'air. L'air attise le feu. Le feu réchauffe l'air, mais s'il y a trop de feu dans l'air, l'air devient irrespirable.

Le Bélier est régi par Mars, le combat; la Balance, par Vénus, l'amour dans un signe d'air, l'amour et la conciliation. Le Bélier ne fait pas de quartier, la Balance discute! Le premier fait rapidement justice, l'autre délibère. L'un fonce sans hésitation, l'autre sert de contrepoids d'une même affaire. Le Bélier est un instinctif sensible et la Balance, une raisonneuse sensible. L'instinct et la raison peuvent se heurter, mais ils peuvent se rencontrer sous le thème de la sensibilité.

UNE BALANCE ET UN TAUREAU

Tous les deux sont des signes vénusiens. Le Taureau est un instinctif et la Balance, un être où le coeur et la raison sont intimement liés. Ils se rencontrent fréquemment. Ils aiment l'amour tous les deux. Pour le Taureau c'est une nourriture quotidienne; pour la Balance, c'est le moyen de connaître quelqu'un jusqu'au bout! Le Taureau est un signe fixe qui ne reçoit pas d'ordres; la Balance, un signe cardinal qui en donne. Le premier est un signe de terre, la seconde est un signe d'air. L'air s'agite et rafraîchit la terre. L'air se fait violent et voilà le typhon qui dévaste la terre. La terre ne peut rien contre l'air, elle n'a pas d'arme, elle ne peut s'élever et arrêter le mouvement. L'air, lui, peut toujours quitter et aller au-dessus d'une autre terre.

La plupart du temps le Taureau sera plus amoureux de la Balance que celle-ci ne le sera de lui. Il aura du mal à l'exprimer, et la Balance aura du mal à deviner. Elle survole la terre et ne sait même pas qu'elle froisse l'arbre ou la fleur! Le Taureau suit son instinct quand il aime, il ne cherche pas la raison, il aime dans la totalité. La Balance a tout inspecté dans les détails, elle fait le bilan; d'un côté, elle aime ce qu'il dit et ce qu'il fait; de l'autre, il peut faire encore plus et mieux.

La Balance demande aux êtres de se perfectionner, elle peut indiquer une route qu'elle ne prendrait même pas, elle a analysé. Elle n'est pas non plus démunie d'instinct, mais elle ne voudrait surtout pas être un animal. Le Taureau l'est, lui, et ça ne le gêne pas. Ce genre de couple fonctionne bien quand chacun est occupé à un travail, à une création. Il s'agit de deux signes vénusiens, l'art peut les lier. Si l'art est absent il y a un risque que l'air monte plus haut et que le sol s'enfonce de son côté. Le Taureau est attaché à ses enfants et peut sacrifier son propre bonheur pour rester près d'eux si la liaison s'effrite. La Balance, si l'amour s'absente, hésitera moins longtemps à demander une séparation. Plus autonome, elle peut délier son coeur de sa raison, agir avec l'un à tel moment et avec l'autre dans l'heure qui suit. Le prolongement d'une liaison entre eux est possible, mais le Taureau ne devra pas s'accrocher à la Balance qui ne supporte pas la sensation d'étouffement ou d'une surveillance trop étroite.

Il devra respecter la liberté d'action que la Balance prend socialement car elle en a besoin pour vivre heureuse. La Balance devra, en revanche, éviter de froisser la sensibilité du Taureau, de l'accuser de lenteur, par exemple, car il n'est pas pressé. Il a besoin qu'on le rassure pour agir et non qu'on lui indique ses faiblesses dont il est bien conscient. Il veut qu'on l'encourage parce qu'on l'aime. Il a besoin qu'on lui donne de nouvelles preuves d'amour, et la Balance doit y voir, même si elle n'a aucun doute sur l'amour qu'elle lui porte. Le Taureau acceptera les initiatives de la Balance, — elle en prend plusieurs — ne les interprétera pas comme si elle se désintéressait de lui. La Balance devra comprendre que le Taureau se laisse parfois prendre par des phases lunaires négatives, et ce dernier devra admettre que la Balance a besoin périodiquement de se retrouver seule et de faire le point. Il devra accepter cette attitude comme une méditation et non comme un éloignement. Ils peuvent s'aimer longtemps, tant et aussi longtemps qu'ils ont des objectifs, différents il est vrai, mais où chacun encourage l'autre à les atteindre. S'ils partagent ensemble un goût artistique, ils peuvent alors atteindre un idéal amoureux.

UNE BALANCE ET UN GÉMEAUX

Deux signes d'air, ils se fascinent l'un l'autre par leur facilité réciproque d'entrer en contact avec les gens, qu'importent les situations. Socialement, ils sont faits pour s'entendre. Ils se stimulent l'un l'autre dans leur créativité et s'encouragent à aller jusqu'au bout. La Balance est beaucoup plus tenace que le Gémeaux, mais celui-ci est souvent beaucoup plus astucieux que l'autre pour d'obtenir des faveurs, des prix spéciaux, pour marchander; il est aussi moins orgueilleux que la Balance et, souvent, ce qui compte pour lui, c'est obtenir selon son désir.

Jamais Balance ne s'abaissera, ne se ridiculisera ou concédera si elle considère que les choses doivent être ainsi, tandis que le Gémeaux ne se gêne nullement pour faire quelques pirouettes afin d'amadouer son client, par exemple! Ils font une bonne paire d'associés; le Gémeaux trouve le client, et la Balance l'entretient pendant que l'autre est déjà parti faire du recrutement et qu'elle, elle prépare le formulaire du futur engagement! En amour, on dit qu'ils sont faits pour aller ensemble, c'est à peu près ce que disent tous les livres d'astrologie. Il est vrai qu'ils sont deux signes d'air, que les compatibilités sont grandes et que les chances de voir durer leur union sont bonnes, mais rien n'est parfait. La Balance pourrait trouver que la cour du Gémeaux est un peu trop légère et inconstante, que sa façon d'aimer frôle la dispersion. Elle sourit entre les dents quand elle le voit faire son charme, mais attention, elle peut mordre aussi et ça le Gémeaux ne s'y attend pas toujours.

La Balance est tolérante envers lui, ses petites fugues, ses retards elle les supporte jusqu'au jour où le vase déborde et le Gémeaux pourrait alors assister à une tornade, le pire ouragan jamais vu. Ou il se case, ou il s'enfuit! C'est souvent une façon de procéder pour la Balance quand elle n'arrive plus à équilibrer ses plateaux et qu'il y a trop de courants d'air qui les font oscil-ler sans cesse. Le Gémeaux ne se rend pas toujours compte du moment où il est attaché à l'autre; la Balance, de son côté, le sait vite, mais elle n'est pas du genre à attendre toute sa vie que le Gémeaux se range. Elle ne supporte pas longtemps les peut-être et les hésitations du Gémeaux, qu'il se le tienne pour dit!

Bien que la Balance soit un signe d'amour, dans un signe d'air, la raison n'est pas absente et elle peut très bien répondre aux discours du Gémeaux en mettant son coeur de côté pour qu'il puisse étudier lucidement leurs positions amoureuses. Elle aime bien que tout soit clair et net, et elle supporte bien mal le doute. Autant de précision peut effrayer le Gémeaux qui préfère souvent retarder ses engagements, protéger sa liberté, en profi-ter, la vivre au maximum.

La Balance aime vivre sa vie dans une union et vivre une complicité avec l'autre. L'éparpillement, ce n'est point pour elle. Elle aime séduire, mais ne tient pas à donner son coeur à tous et à chacun, ni à le voir réduit en miettes d'avoir mal aimé! La douleur d'un coeur de Balance blessé est immense et les cica-trices sont longues à fermer totalement. Tandis que le Gémeaux a la faculté de se «retourner» plus rapidement vers les situations non douloureuses. Il ne tient pas à souffrir ni à s'éterniser sur ses bobos. Quand cela arrive, et c'est le cas pour quelques Gémeaux, ceux-ci ont l'impression de devenir fous et commet-tent alors de nombreux excès, jusqu'au retour de l'amour... Le coup du charme a fonctionné encore une fois!

UNE BALANCE ET UN CANCER

Ouf! il y aura beaucoup de travail à faire s'ils ont décidé de vivre ensemble! Le Cancer est tout simplement irrationnel, et davantage encore quand il rencontre une Balance. Celle-ci le débalance et il n'arrive plus à se comprendre parce qu'elle se met à l'étudier dans tous ses détails et à trouver une raison à tout ce qu'il fait ou pense. Le Cancer peut se contenter de ressentir. La Balance ne peut pas: elle ressent et réfléchit en même temps, puis porte son jugement. Une passion peut naître entre eux, ils tombent follement amoureux et ils le restent aussi longtemps qu'ils ne partagent pas le quotidien.

Le Cancer, plutôt romantique, aime flâner, même quand il manque de temps, et c'est pire encore quand il se trouve en présence de la Balance. Celle-ci lui donne le goût de ne rien faire d'autre que de rêver, mais elle sait qu'il faut s'organiser et ne pas perdre de temps à rêvasser, sauf les jours fériés, où elle est totalement décontractée, c'était prévu. Le Cancer aime l'imprévu, il s'adapte rapidement à la surprise; la Balance supporte mal que, soudainement, on la force à prendre une autre position que celle qu'elle avait prévue.

Le Cancer est un signe d'eau, l'eau est en bas, la Balance est un signe d'air, l'air est en haut, d'où difficulté de communication. Les jours de grands vents l'eau s'agite. L'eau ne monte pas au ciel sauf par l'humidité qui s'élève de terre! Il sera bien difficile à l'eau du Cancer de faire accepter ses inquiétudes d'en bas! L'air est réservé à la circulation aérienne. Cancer et Balance sont deux signes cardinaux. Au début, voulant se charmer, ils ne se rendront pas compte que l'un et l'autre se donnent des ordres! Le Cancer dit, puisqu'il marche de côté: quand tu passeras devant la bibliothèque, apporte-moi ce livre. Il est prêt à attendre, même si la Balance ne passe pas directement par la bibliothèque, il sait ce que c'est que de faire des détours.

La Balance, en voyant le désordre ou la lenteur du Cancer, lui dira (avec un sourire naturellement) de ranger ses choses rapidement s'il vient des gens! Cependant, au bout de quelque temps, la Balance qui analyse tout n'aura plus envie de faire le détour, et le Cancer n'aura plus envie de faire du rangement pour faire plaisir aux autres! Le Cancer vit surtout pour lui, pour se faire plaisir, et la Balance se fait plaisir quand elle épate, ou flatte ceux qui la côtoient, la visitent ou la fréquentent. Elle a grand besoin d'une approbation extérieure. Elle pourrait vous soutenir le contraire, mais il suffit de la regarder agir.

Le Cancer finit par paraître égocentrique pour la Balance qui, elle, a le regard tourné vers l'extérieur. Le Cancer lui apparaîtra pantouflard; il protège son intimité et n'a pas d'heures fixes pour aimer. La Balance apparaîtra trop calculatrice, elle explique tout et juge, et face au Cancer cela peut paraître comme une intolérance. S'ils veulent vivre ensemble et s'aimer, ils devront faire une grand effort pour accepter leurs différences. Et éviter de se donner des ordres, éviter également d'insister pour que l'autre adopte son point de vue comme étant le seul valable! Le Cancer ferait bien de ne pas s'enfermer dans le silence quand c'est le temps d'une explication. La Balance dirait qu'il essaie de se soustraire à la justice! La Balance ferait bien, de temps à autre, d'essayer de comprendre que l'émotion doit être vécue sans explication, comme le Cancer la vit.

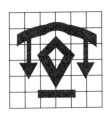 

UNE BALANCE ET UN LION

Ils font un beau duo. Le Lion aime briller et la Balance aime la beauté et l'harmonie. Ils sont donc susceptibles de s'entendre très rapidement et de s'attirer au premier coup d'oeil. La Balance flatte l'oeil et le Lion aime voir la beauté! La Balance ne soupçonne pas au départ le côté autoritaire du Lion, il ne le démontre jamais la première fois! Le Lion ne soupçonne pas le côté amoureusement raisonneur de la Balance. Ça ne saute pas à l'oeil non plus.

La Balance a l'air de s'emballer et le Lion s'y laisse prendre. Il est un véritable chevalier quand il courtise, ensuite il devient le roi. La Balance risque de ne pas être d'accord avec ce fait jusqu'à la fin de sa vie! Elle aime la justice. Le Lion dit: Je suis le Tout, la justice incluse! Il en est si persuadé qu'il risque de débalancer les plateaux de la Balance, qui, avec le temps, les réajustera! La Balance, en général, fera tout son possible pour conserver le lien, et le Lion pourrait même se croire indispensable dans la vie de la Balance, le temps qu'elle réajuste ses plateaux, mais elle n'est pas très rapide. Si la Vierge est une raisonneuse, la Balance l'est tout autant, mais avec le sourire et plus d'optimisme. La Vierge est capable de voir la fin tandis que la Balance trouve rapidement des solutions de rechange et s'ajuste à l'autre au point de faire ce qu'on nomme du «mimétisme». Elle finit par imiter les besoins de l'autre et les faire siens jusqu'à la période de rejet où elle s'affirme elle-même et dit: voilà je suis quelqu'un.

La délicatesse de la Balance, parce qu'elle cherchera à faire plaisir au Lion le plus possible, sera appréciée par lui, cependant il risque au bout d'un certain temps, vu son égocentrisme, de tenir ces délicatesses et ces attentions pour acquises! La Balance, étant le signe de la justice et du moitié-moitié, commencera un jour à se dire que c'est à son tour de recevoir! Mais le Lion, habitué à la «gâterie», pourrait bien ne pas être d'accord de remettre la juste part qui revient à la Balance, si ce n'est après un temps de réflexion que la Balance devra lui donner. Le Lion est assez généreux et assez lucide pour se rendre compte qu'il a exagéré. Alors la Balance se verra tout recevoir d'un seul coup. On pourra voir ses plateaux osciller dans toutes les directions! Il s'agit ici d'une association entre le feu et l'air. L'air de la Balance soufflant sur le feu incite le Lion à la créativité et à l'éveil de la puissance de ses facultés et possibilités.

La Balance, étant raisonnable, saura aider le Lion à orienter ses énergies dans un sens constructif. De plus, l'amour de la Balance pouvant être constant, et le Lion pouvant s'y fier, le voilà qui grandit et devient de plus en plus fort et sûr de lui. Le feu du Lion, de son côté, réchauffe l'air de la Balance et lui donne le goût de l'originalité, le goût d'aller dans d'autres directions que celles qu'elle connaît déjà. Ils sont stimulants l'un pour l'autre. Ils sont capables de s'aimer toute une vie à condition que la Balance soit prête de temps à autre à vivre une originalité, une marginalité. Le Lion aime l'éclat, la distinction, et il souhaite que la personne qui est avec lui en fasse autant. Le Lion devra donc respecter la sensibilité de la Balance, ne pas la tenir pour acquise, même si ça en a l'air! Celle-ci pourrait se réveiller un jour et faire justice! Le Lion en serait fort étonné. Il devra être logique dans les discussions qui demandent de la logique et ne pas se laisser emporter par ses impulsions, même s'il n'est pas d'accord avec la façon de vivre de la Balance qui est trop organisée, trop équilibrée, pas assez excessive. Le Lion aime vivre des excès de temps à autre. Il n'aime pas l'air constamment tiède ou une égale température, il finit par s'ennuyer, alors que la Balance fait tout ce qu'elle peut pour maintenir cet état! Avec un Lion c'est à éviter. Pour vivre toute une vie avec lui, il faut de la fantaisie; il a besoin d'être surpris, épaté, alors que la Balance a besoin de voir son balancier osciller à un rythme égal. Pour qu'ils puissent vivre heureux ensemble, ils doivent éviter la routine. La Balance finit de toute façon par y perdre sa créativité et le Lion, son exaltation!

UNE BALANCE ET UNE VIERGE

Ils sont de bons amis, ont un commerce facile, et tous les deux parlent intelligemment. Quand leurs vibrations se nouent, la Vierge envie le détachement de la Balance et sa capacité d'aimer, à certains moments, hors de sa raison. La Balance admire le côté spéculateur, organisateur de la Vierge qui sait penser à elle d'abord et avant tout. Étant un signe de Vénus, elle pense amour, «j'Aime». L'autre, la Vierge, pense vivre d'une manière confortable avec la Balance. Ce qui fait quand même toute une différence dans l'organisation de la pensée.

D'une nature créative, la Balance a grand besoin d'affection pour produire, faire, agir. Sans amour, elle paralyse, ou presque. La Vierge, elle, peut vivre seule et se contenter pendant longtemps d'analyser une situation. Elle est en fait le signe le plus apte à vivre seul, sans dépendance et sans trop souffrir de sa solitude. Elle travaille, elle fonctionne et, étant le symbole du travail, c'est souvent ce dernier qui prend toute la place et même celle de l'Amour, celui avec un grand A. Les deux ne sont pas incompatibles malgré cette différence de leur vision sentimentale. La Vierge, signe de terre, s'enracine donc et reste auprès de la Balance même si, de temps à autre, l'exaltation de celle-ci l'agace. La Balance symbole de Vénus, deux plateaux qui oscillent, pourrait ne pas se sentir bien en présence de la Vierge à un moment de sa vie, mais elle ne partira pas. Elle oscille, le temps passe, l'union se soude de plus en plus, les habitudes sont prises et toutes deux ont appris à se connaître et à se reconnaître intelligemment. Elles peuvent donc en arriver à une discussion sur leur union qui leur permettra de continuer parce que c'est commode pour la Vierge, et la Balance, de son côté, ne peut vivre sans affection... ce que la Vierge lui donne à la miette, mais certaines Balances s'en contentent parce que, au fond d'elles-mêmes, elles idéalisent plus qu'elles ne vivent la relation.

La Vierge étant le douzième signe de la Balance, elle symbolise son épreuve. Elle a tendance à freiner l'autre, à la retenir, alors que la Vierge pousse la Balance à l'analyse, à la rationalité, au point où cette dernière, qui a déjà un peu de mal à faire confiance aux gens, ne sourit plus que les dents très serrées de peur qu'on lui enlève quelque chose. La Vierge, de par son signe de Mercure, la raison, l'ordre et l'organisation, influencera la Balance à en faire autant et à se consacrer à une carrière plutôt qu'à l'amour. Attention! La Balance est un signe d'air et l'air peut devenir très froid; la Vierge est un signe de terre et l'air froid pourrait tout à coup congeler la terre plutôt que de souffler une brise légère qui la réchaufferait ou la rafraîchirait! Quand cela se produit, la séparation n'est peut-être pas très loin.

La Vierge est une personne critique et le plus souvent ses critiques sont d'une extrême justesse. La Balance, dans son signe de Vénus, préfère voir le beau côté de la vie et finit par mal supporter les remarques de la Vierge qui, bien que justes, finissent par miner l'énergie de l'autre. La Balance apporte à la Vierge la certitude de l'amour, des sentiments. Elle lui donne l'occasion de les exprimer d'abord pour ensuite les vivre. La Vierge n'est pas insensible, elle a simplement peur de livrer le fond d'elle-même, elle pourrait être vulnérable. Et en tant que signe mercurien, elle veut que l'esprit fasse la loi, les sentiments c'est du gâteau au dessert. Ces deux signes s'attirent sur la roue du zodiaque, mais rien ne garantit qu'ils passeront toute une vie ensemble. La Vierge en doute, la Balance espère. Le doute finit par miner l'espoir et l'éloignement commence son ravage. Pour qu'ils puissent vivre heureux ensemble, ils devront faire l'effort de faire abstraction tous les deux de leur passé et vivre la minute présente en route vers l'avenir. Les souvenirs sont tenaces chez l'une comme chez l'autre, elles doivent éviter de se reprocher leurs petits défauts!

La Balance ne devra pas dicter à la Vierge son comportement en société, et la Vierge ne devra pas reprocher à la Balance son romantisme et son goût d'être différent, même quand cela s'éloigne de la logique, par rapport à la Vierge naturellement. Toutes deux devront éviter de dramatiser les petits événements ou le placotage qui les empêcheraient d'être l'une près de l'autre puisqu'elles ne parleraient que des autres. La Vierge, en face de la Balance, a tendance à demander d'être servie! Par amour la Balance ne peut refuser, mais au bout d'un certain temps, quand c'est toujours la même personne qui donne...

Face à la Vierge, la Balance a tendance à développer une dépendance matérielle, sachant très bien que la Vierge est prévoyante et a de l'argent de côté. Et la Balance pourrait bien s'appuyer non pas sur son autonomie financière mais sur celle de la Vierge, et au bout d'un certain temps, quand c'est toujours le même qui paie... Il n'est jamais facile de respecter les différences et quand les signes sont juste l'un à côté de l'autre ils se ressemblent, mais sont en même temps très différents l'un de l'autre!

UNE BALANCE ET UNE AUTRE BALANCE

Ils peuvent faire couple, à condition bien sûr que ça balance au même rythme. Sur le plan amitié, ils se comprennent bien, ils en restent à des relations polies, diplomatiques! Les Balances se comportent humainement! Ce symbole n'a rien d'un animal! L'évolution la plus difficile consiste à vivre avec son miroir et à le regarder sans cesse afin de corriger les défauts, améliorer les qualités jusqu'à ce qu'on obtienne un produit parfait, ou presque, ou s'en rapprochant. Ils peuvent s'aimer follement et ne jamais se quitter si l'un et l'autre consentent à ne pas se reprocher leurs défauts mutuels. Qui n'en a pas? Qu'il jette alors la première pierre! Ils peuvent se reprocher l'un l'autre de ne jamais se décider, mais pas nécessairement dans le même domaine. Ils peuvent se reprocher leur coquetterie, mais pas au même moment... et ainsi de suite.

Il est toujours plus facile à un couple du même signe d'avoir une dizaine d'années de différence. Les planètes lourdes s'étant considérablement déplacées, ils peuvent alors s'apprendre mutuellement ce dont ils ont besoin pour évoluer, entretenir l'amour. La Balance étant un signe masculin, monsieur se sent plus à l'aise que madame dans son signe, et il peut arriver que monsieur exagère ses demandes à cette dame Balance qui ne saura dire non, du moins au début, et parfois longtemps. La vie commune de deux signes identiques n'a rien de facile, surtout qu'il s'agit ici de deux signes cardinaux qui passent leur temps, même s'ils ne s'en rendent pas compte, à donner des ordres, avec le sourire naturellement. Un ordre étant un ordre, on finit par en avoir assez d'en recevoir, même quand il est déguisé. Et voilà que ces deux personnes tentent continuellement d'imposer l'un à l'autre leur propre discipline et chacun croit que c'est une question de justice.

Le couple Pierre et Margaret Trudeau, deux Balances, ça n'a pas fait long feu malgré la différence d'âge! Comment deux enfants gâtés auraient-ils pu accepter les compromis? La dame Balance est davantage prête à en faire que monsieur, elle est plus incertaine, se sent moins en sécurité, et si monsieur veut garder sa dame du même signe il devra faire un effort de souplesse et consentir au romantisme que madame adore vivre et revivre comme lorsqu'ils s'étaient rencontrés. Monsieur Balance pourrait répondre que ce n'est pas logique et madame s'en trouver offusquée qu'on lui reproche son manque de logique... Au fond, le romantisme n'est pas incompatible avec la logique, il suffit de choisir le bon moment!

Je dis toujours bonne chance à ces couples du même signe. D'ailleurs, ceux qui racontent que la vie à deux c'est facile sont peut-être deux Balances qui y croyaient profondément!

UNE BALANCE ET UN SCORPION

Ce n'est pas vraiment un couple reposant. Il faudra sans doute plusieurs années avant qu'ils puissent parfaitement s'harmoniser et avoir le même rythme de vie. Le Scorpion est pressé dans l'ensemble général de sa vie, et la Balance hésite, soupèse les grandes questions et il lui arrive de ralentir le Scorpion, ce que ce dernier supporte bien mal. Pour lui, c'est se faire imposer une limite, ce qu'il n'est pas disposé à accepter. La Balance, étant un signe de Vénus, attire naturellement le Scorpion qui lui offre de la passion.

Étant un signe fixe, sa vibration est une invitation à la stabilité. Ils seront plutôt directs dans leur manière de se faire la cour. La Balance dit: voilà, je suis amoureux ou amoureuse, et le Scorpion répond: si c'est vrai, on s'embarque pour la vie! La Balance étant un signe d'air elle pourra, au fil du temps, refroidir le signe d'eau Scorpion, mais si elle ne cesse de raisonner et de soupeser, le Scorpion pourrait bien piquer une crise propre à transférer son angoisse sur la Balance et débalancer ses plateaux.

Le Scorpion, le plus souvent, mène sa vie en se fiant à son flair; la Balance réfléchit aux gestes qu'elle fait. Le Scorpion peut commettre des erreurs, c'est bien certain; la Balance, de loin, aura analysé et aura eu raison de ses avertissements qui peuvent être fort utiles à l'un et à l'autre si le Scorpion, en tant que signe fixe, consent à prendre quelques conseils. Le Scorpion pourra aimer passionnément la Balance si celle-ci apprend à se décider rapidement et à vivre quelques fantaisies de temps à autre, ou à changer son horaire pour lui faire plaisir. De son côté, il devra éviter de piquer la Balance qui n'oublie rien et qui un beau jour pourrait, par petite vengeance, en temps opportun, lui remettre ça sur le nez. La Balance devra éviter de donner des ordres au Scorpion. Il n'en prend pas et là-dessus il est plutôt susceptible. Il décide. Il supporte mal qu'on lui dicte ce qu'il doit faire ou ne pas faire. La Balance devra faire des surprises au Scorpion si elle veut entretenir sa passion, se transformer pour quelques heures en une autre personne. Le Scorpion ne supporte pas l'ennui, la routine lui pèse, même s'il est signe fixe. Sa fixité tient surtout à ce qu'il s'accroche à certaines idées, mais pas à toutes et n'en démord pas; il aime bien que le lendemain ne soit pas tout à fait comme la veille. Il devra s'efforcer de ne pas «tomber» sur la Balance quand il est dans ses jours sombres qui frôlent l'angoisse, et surtout qu'il ne l'accuse pas de ses peurs. Il débalancerait les plateaux qui ont bien du mal à se réajuster et c'est lui qui y perdrait en tendresse.

La Balance étant un signe d'air, elle peut fort bien s'évader dans son imagination, même si elle est pleine de raison! Et peut-être pourrait-elle se demander quelle raison elle a d'aimer une personne aussi sombre? Ils devront mutuellement, et à tour de rôle, se faire plaisir pour entretenir l'amour. Se faire des cadeaux, par exemple, pour se surprendre et s'émouvoir mutuellement. L'amour ça s'entretient, et pas besoin d'une rivière de diamants ou d'une voiture de luxe... il suffit d'un tout petit quelque chose pour se souvenir qu'on s'est aimés au début... et pourquoi ne pas continuer!

UNE BALANCE ET UN SAGITTAIRE

Voilà une belle paire! Ils se font du charme et ils ne tardent pas à tomber l'un et l'autre dans le panneau de l'amour, en plus de découvrir que c'est magique, facile, possible, renouvelable, intéressant... La Balance est tout d'abord une personne qui hésite, elle balance. Le Sagittaire, un signe de feu en état d'exaltation, est audacieux, et la Balance, devant ce monde qui s'ouvre et qu'on peut découvrir, hésite moins longtemps qu'avec d'autres signes! Le Sagittaire, quand il fait une promesse à une Balance, plus que pour tout autre signe, il la tiendra! Signe double, il est capable de prendre la fuite... La Balance est un signe d'air... l'air s'échappe, aussi le Sagittaire, s'il ressent que la Balance peut lui échapper, déploie un zèle incroyable pour la retenir. La Balance charme le Sagittaire et ce dernier adore être charmé. Un Sagittaire s'attarde rarement aux détails qui fabriquent le quotidien; face à lui, la Balance s'en occupe.

Elle fait tout son possible pour s'occuper des petites choses pendant que le Sagittaire règle les grosses. Voilà qui permet aux choses de s'ajuster parfaitement ensemble. La Balance, de par son signe d'air, souffle sur le signe de feu du Sagittaire et fait monter la flamme et celui-ci est alors prêt à conquérir le vaste monde, pour son plaisir et aussi pour ravir la Balance. Ils sont faits pour s'entendre moralement: tous les deux aiment la vérité, la Balance par souci de justice et le Sagittaire parce qu'il n'aime pas cacher quoi que ce soit.

Socialement, ils font un beau couple. La Balance aime charmer les gens et le Sagittaire, les impressionner! Pour ne jamais être déçue, la Balance ne lui donnera pas d'ordre, il n'obéit pas, de toute façon. Pour garder la Balance, le Sagittaire devra garder de son temps juste pour elle, en tête à tête, et lui répéter dans l'intimité les mêmes mots qu'il lui disait au début de leur fréquentation!

 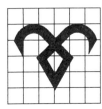

UNE BALANCE ET UN CAPRICORNE

Au début ça va toujours, c'est comme ça pour à peu près tout le monde! Le temps est leur ennemi, il risque de leur créer des problèmes! Tant que dure la fréquentation, on n'a pas encore vu tous les petits défauts de l'un et de l'autre, mais voilà que le temps fait ses ravages. Ce sont deux signes cardinaux, donc de chef, de commandement. Chacun décide de tout, à sa façon! La Balance donne des ordres avec le sourire et le Capricorne, avec un grand sérieux! La Balance peut se sentir souvent blessée par l'attitude réservée du Capricorne, croire qu'elle ne fait pas assez et que c'est pour ça que le Capricorne est distant. Elle déploie alors tout son zèle et toute son énergie à faire plaisir au Capricorne. Comme celui-ci est sérieux, il prendra pour de la fantaisie et du caprice les attentions et les douceurs de l'autre et croira même qu'elle veut le manipuler! Ils n'ont pas tout à fait le même langage. Il est difficile de maintenir cette union d'une manière heureuse.

Le Capricorne est un signe de terre, donc il s'attache et reste longtemps à la même place, avec la même personne. Il prend racine. La Balance est le symbole du couple; aussi, quand elle se marie, elle désire le rester et tout faire pour maintenir l'union et elle trouvera toutes sortes d'excuses, même si ça va mal, pour préserver le couple. Il arrive que la Balance passe pour une personne superficielle aux yeux du Capricorne. Elle cherche dans le quotidien à tout harmoniser et le Capricorne peut prendre cela pour de la légèreté ou du romantisme. Lui, de son côté, s'occupe d'assurer l'avenir et tient très peu compte des agréments de chaque jour qui rendent la vie plus agréable. Il faudra à chacun une bonne dose de tolérance et d'acceptation de leurs différences s'ils veulent vivre ensemble toute une vie. Ils devront ouvrir le dialogue chacun à son tour.

La Balance aura tendance à prendre les devants et à orienter la conversation dans le sens où elle l'entend. Elle devra cependant éviter le piège: le Capricorne se retirerait alors plus profondément dans un monologue intérieur et finirait par ne plus porter attention aux paroles de la Balance. Le Capricorne devra accepter de sortir plus souvent et de prendre plaisir aux fantaisies de la Balance, à son goût d'être parmi les gens. En faisant un effort de participation, il y prendra goût!

 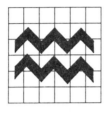

UNE BALANCE ET UN VERSEAU

Ils ont tous les deux un grand sens social! Ils aiment le monde, la compagnie, l'originalité, la fantaisie et, ensemble, ils stimulent leur créativité. Le Verseau est un signe fixe, mais il est le moins fixe de tous les signes fixes. La Balance symbolise Vénus, le mariage, l'union, l'amour, l'harmonie entre deux êtres, et c'est son plus cher désir. Le Verseau, régi par Uranus, planète de l'espace, de l'originalité, de l'innovation, mais aussi du divorce, a beaucoup de mal, du moins durant sa jeunesse, à vivre une union fixe. Ça lui donne la sensation qu'il y perd sa liberté alors que, tout au contraire, l'union donne de la force à la Balance!

Le Verseau n'est pas un signe de fidélité par excellence, mais l'exception fait la règle. Il symbolise la permissivité sexuelle. La Balance, tout au contraire, maintient qu'il faut rester fidèle pour que l'union se prolonge. Le Verseau est un être cyclique. Avec lui, il ne faut signer que pour quatre ans à la fois. Ensuite, si tout va bien, on renouvelle le contrat! Quand il a une idée dans la tête, il agit le plus rapidement possible. La Balance, personne hésitante, admire ce trait et le Verseau se sent flatté de tant de considérations. Il symbolise l'humanisme mais, dans son désir humanitaire, il lui arrive d'oublier la personne qui vit à ses côtés. La Balance pourrait se sentir délaissée, à moins qu'elle ne soit, de son côté, très occupée à autre chose. Personne n'est plus effi-cace qu'une Balance pour adoucir le coeur du Verseau, ce grand raisonneur, ce logique qui se cache souvent à lui-même ses plus profonds sentiments et attachements. Il n'y a rien de mieux que le plaidoyer d'une Balance pour lui faire avouer la vérité et lui faire dire «je t'aime»!

La Balance est un signe cardinal, donc de chef, qui donne des ordres. Le Verseau est un signe fixe, qui n'en prend pas et, dans son cas, qui ne les entend même pas, trop occupé qu'il est à bâtir le monde, son entreprise, et à rencontrer les gens. Les grandes carrières c'est pour lui. Sa vie intime passe souvent en dernier. Il ne s'en préoccupe souvent que lorsqu'il se rend compte que ça lui échappe! Si le Verseau a blessé la Balance, il devra réparer. Celle-ci, dans son amour, est capable de se taire longtemps afin de maintenir l'union, mais le jour où elle jugera qu'elle n'en peut plus, sa tornade pourrait ébranler le Verseau, mais comme il est le signe de la foudre, il est capable de rebondir dans un éclair, de tout analyser, de tout comprendre et de se faire pardonner!

La Balance fera tout ce qu'elle peut pour faire plaisir au Verseau, mais ce signe fixe ne devra jamais la tenir pour acquise et apprendre à dire merci. Quand il a une vérité à dire, concernant un comportement qu'il n'aime pas vraiment chez la Balance, il doit le faire avec douceur, éviter les blessures qui meurtrissent le coeur de la Balance. Si celle-ci accepte les fantaisies du Verseau et ne se trouble pas devant l'irrégularité de sa conduite ou son manque de présence, et si le Verseau se plie de temps à autre à la demande romantique de la Balance, ils pourront alors entretenir une longue relation qui peut durer, durer, durer... et plus le temps passe plus ils s'attacheront.

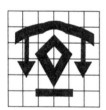 

UNE BALANCE ET UN POISSONS

Une union un peu étrange, qui sort de l'ordinaire. La Balance, signe de Vénus, de l'union, vie de couple, signe cardinal, donc de commandement: le Poissons, symbole de Neptune, de l'infini et de l'indéfinissable! Au départ vous aurez l'impression que c'est la Balance qui mène tout. Ce n'est qu'une apparence. Bien sûr, elle s'occupe de tous les accommodements extérieurs et organise même la vie du Poissons dans sa forme, si elle le peut et si le Poissons y consent. Rien n'est plus difficile que de «gérer» un Poissons. Surtout, que la Balance ne s'avise pas de le bousculer, de lui donner des ordres ou de vouloir discuter de choses qui ne l'intéressent pas. Le Poissons s'en irait avant même que la Balance ait pu réagir et, de plus, il ne laisserait pas d'adresse. Son symbole est l'infini!

Le Poissons se laissera impressionner au début par l'énergie de la Balance; il croira avoir trouvé quelqu'un qui l'aidera à agir. Effectivement, la Balance le stimulera à l'action. Cependant, elle émet une vibration beaucoup plus ambitieuse, calculatrice et matérialiste que le Poissons qui, de son côté, peut se lasser de vivre dans ce climat organisé. Le Poissons aime rêver et la Balance, dans son signe cardinal, fait de ses rêves une réalité. Un Poissons bousculé peut devenir un requin, un monstre marin, une anguille qui se faufile rapidement et qui vous échappe. Même si la Balance symbolise Vénus, l'amour, comparativement au Poissons, sa forme d'amour est limitée et bien naïve. Vie de couple qui aura tendance à se replier sur elle-même. Pour le Poissons, une vie de couple n'est qu'un moyen d'ouvrir son horizon intérieur, de mieux rêver! Il n'est pas un être organisé et il ne supporte pas l'ennui, la routine.

Il aime être épaté, ébloui, distrait. La Balance peut le faire rire durant un certain temps, le surprendre, mais elle n'a pas que ça à faire! Il lui faut agir et obtenir un résultat concret dans la vie. Pour le Poissons, le seul véritable résultat est son bonheur, son bien-être qui n'a pas besoin d'artifices: vivre, aimer et laisser vivre. Il n'a nulle intention de diriger le monde, il a bien assez de mal à se diriger lui-même! Tous les deux ont une perception de la vie totalement différente. L'air de la Balance est en haut et l'eau du Poissons est en bas! Les remous ne manqueront pas quand l'air se mettra en mouvement pour agiter l'eau. Ce ne sera toujours qu'en surface. Au fond de lui, le Poissons fait bien ce qu'il veut et personne ne peut lui imposer quoi que ce soit, et quand une Balance essaie, elle court le risque qu'un jour le Poissons, attiré par un courant chaud, s'y engage.

Ses relations avec les autres signes

UN SCORPION ET UN BÉLIER

Deux signes de Mars qui font la paire quand ils se lient en vue d'un objectif commun. Ils sont tous deux ambitieux. Le Bélier est pressé, le Scorpion est prudent dans son empressement. Le premier voit à court terme, l'autre, à long terme. Le Bélier fonce imprudemment, le Scorpion peut lui servir une mise en garde. Le Scorpion s'angoisse, alors le Bélier lui suggère de ne pas trop s'en faire. Ils s'influencent ainsi l'un l'autre. Il ne faudrait jamais que le Bélier s'avise de tromper le Scorpion. Ce dernier peut attendre vingt ans s'il le faut, mais il finira par donner une leçon au Bélier qui se souviendra soudainement de ce moment-là. Le Scorpion ferait bien de ne pas tourmenter le Bélier, ce dernier étant plus vulnérable qu'il ne le laisse paraître. Le Scorpion est un puissant signe d'eau, et l'eau peut éteindre le feu du Bélier. Amicalement, ça peut durer toute la vie. En amour, il y a danger. Le Bélier, par son feu dévorant, réclame de l'attention. Le Scorpion ne sent pas le besoin de répéter ses démonstrations et ses preuves d'amour, il est un signe fixe, il reste fidèle au poste. Le Bélier devrait deviner qu'il n'a pas changé d'avis, et éviter de l'impatienter en insistant. Le Scorpion n'agit que quand il a décidé de le faire. Si, à tout hasard, le Scorpion claque la porte, il faudra au Bélier de nombreux coups répétés pour qu'il la rouvre, et rien n'est certain avec le Scorpion. Ils peuvent s'aimer follement et longtemps si le Bélier respecte les silences méditatifs du Scorpion et si le Scorpion accepte les inconstances et les quelques caprices du Bélier.

 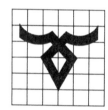

UN SCORPION ET UN TAUREAU

Tous deux s'opposent ou se complètent. Ils s'aiment instantanément ou se séparent immédiatement. Ils peuvent aussi rester ensemble, s'aimer ou se tourmenter sans cesse, mais ne peuvent éviter de se croiser fréquemment, la vie les place l'un en face de l'autre. Le Scorpion aimerait bien ressembler au Taureau, moins s'en faire, avoir plus d'espoir, voir les choses sous un meilleur jour. Le Taureau, lui, aimerait bien avoir l'agressivité silencieuse du Scorpion, faire le mur, pour se défendre, quand il y a risque de blessures. Le Taureau aimerait bien pouvoir voir plus loin dans sa vie, comme le fait le Scorpion qui touche presque l'invisible, il le sent mais n'arrive pas à être certain que ça existe! Signe de terre, le Taureau veut une preuve. Signe d'eau, le Scorpion ressent et n'a pas besoin de démonstrations physiques, le surnaturel est là, comme n'importe quelle autre réalité. Deux signes fixes, et quand ils s'accordent leur confiance mutuelle c'est pour toujours et à jamais. Le Taureau arrive comme un printemps dans l'automne du Scorpion. Le Scorpion prévient le Taureau que, parfois, au printemps, il y a des gels surprises mais

138

que rien ne meurt, sauf pour un instant. Le Taureau est un signe vénusien, il aime la chair, la sexualité, et le Scorpion est pour lui ce symbole. Il voit la surface, la beauté de la chose, alors que le Scorpion y pénètre profondément, juste pour voir si cette beauté est réelle ou fictive, et il ne se laisse plus séduire par les apparences. Il n'a pas cette naïveté. Le Taureau est naïf et a parfois du mal à voir au-delà de la chair, au-delà de ses yeux. Le Scorpion peut facilement abuser du Taureau, il le fascine, l'émeut, il peut aussi l'effrayer, le garder dans la peur comme il peut l'aider à devenir plus fort et plus sûr de lui. Ces deux signes s'opposent, c'est le choc des antagonistes, ou la parfaite complémentarité, ils ne sont jamais indifférents l'un à l'autre. Ils sont tenaces tous les deux, ils ont des idées bien à eux, sont fortement individualistes. Le Taureau dit «j'ai» et le Scorpion, «nous avons». Le Taureau aura tendance à vouloir prendre, le Scorpion lui donnera car il dit «nous». Si le Taureau devenait trop gourmand, le Scorpion pourrait se retourner, aller ailleurs où on est davantage prêt à partager un «nous». Dans une vie commune le Taureau peut trouver que le Scorpion partage avec trop de gens et ne lui donne pas assez d'attention. Le Scorpion considérera l'attitude du Taureau comme de l'égocentrisme alors qu'en fait le Taureau a simplement peur de se retrouver seul. Le Taureau peut indiquer au Scorpion un coin plein de verdure et de soleil. Le Scorpion ouvre la route et démontre au Taureau qu'on peut traverser le désert avec rien et tout faire à partir de rien, l'esprit et la volonté peuvent tout. Le Taureau lui offrira le plaisir de Vénus pour qu'il puisse se détendre et se reposer.

UN SCORPION ET UN GÉMEAUX

Le Gémeaux est un signe d'air et le Scorpion, un signe d'eau; l'air est en haut et l'eau est en bas! L'air agite l'eau. L'air du Gémeaux est à la recherche de la connaissance sur une foule de choses, il a du mal à aller en profondeur. Le Scorpion aime la connaissance mais, généralement, elle est fixée sur un objectif, un domaine qu'il explorera de A à Z, de fond en comble. Les discussions intellectuelles ne manqueront pas. Le Scorpion sera épaté par la diversité des connaissances du Gémeaux, et ce dernier le sera par la précision des recherches du Scorpion et de ses énoncés avec preuve à l'appui. En amour, l'union sera plutôt difficile à maintenir. Il pourrait s'ensuivre une querelle d'idées, d'idéologie, aussi bien sur la manière ou la méthode de concrétisation de l'idée que sur l'idée elle-même. Le Scorpion, signe fixe, supporte moins bien les inconstances. Comme il est un angoissé, si on sème trop souvent le doute dans son esprit, pour sa sauvegarde il quittera le Gémeaux, non sans lui avoir lancé au préalable quelques dards bien empoisonnés et celui-ci mettra longtemps avant de se débarrasser du «poison réflexion» que le Scorpion lui a laissé.

De nombreux points d'interrogation surgiront. Quand un Scorpion est amoureux, il s'interdit bien de flirter ailleurs, il tient à la fidélité. Bien qu'on dise qu'il est le signe du sexe, il considère le sexe comme sacré dans une union, la seule chose qu'on ne partage pas avec d'autres et qu'on doit protéger. Le plus souvent, pour le Scorpion, sexe et amour sont reliés, alors que le Gémeaux peut très bien vivre l'amour d'un côté et le sexe de l'autre. Il est fort capable de séparer les deux, alors que c'est beaucoup plus difficile pour le Scorpion qui devient possessif et jaloux quand il a consenti à l'acte sexuel. Il est souvent préférable qu'il en reste à l'amitié qui, elle, peut durer, durer, durer. Le Scorpion finit par trouver lassantes les discussions superficielles du Gémeaux sur une foule de détails qui, pour lui, n'ont aucune importance. Le Gémeaux peut trouver oppressante la présence du Scorpion qui n'en finit plus de le protéger, même contre ses amis qui le visitent! Le Scorpion demande qu'on l'aime intensément, sans cesse, et il souhaite qu'on ait besoin de lui. Le Gémeaux est indépendant et, s'il a immédiatement besoin de quelque chose, il est fort possible qu'il n'attende pas après le Scorpion pour demander de l'aide, ce qui aura pour effet de choquer ce dernier qui préférerait se croire indispensable. Quand le Gémeaux a envie de faire telle chose, il la fait tout de suite, alors que le Scorpion peut attendre! Guerre d'impatience! Jeu de patience! Rien n'est impossible à ceux qui veulent vraiment s'aimer longtemps. Le Scorpion devra apprendre à faire confiance au Gémeaux quand il s'éloigne, et le Gémeaux devra faire sentir au Scorpion qu'il est indispensable, et lui répéter qu'il l'aime, afin de dissiper les angoisses qui l'habitent, soit périodiquement, soit en permanence.

UN SCORPION ET UN CANCER

Deux signes d'eau. Donc, beaucoup d'émotions en perspective. Pas de relâche, aucune journée de congé là-dessus. Ils se frottent l'un à l'autre et aiguisent sans cesse la passion qui ne va pas sans quelques douleurs! Le Cancer est un signe cardinal, donc de commandement, alors que le Scorpion est un signe fixe qui n'accepte aucun ordre! Au début, le Scorpion se laissera prendre au charme du Cancer qui, sourire aux lèvres, fleurs à la main, lui demande sans cesse de prendre soin de lui. Se sentant indispensable, il ne peut s'empêcher d'être flatté de la grâce que lui fait le Cancer... lequel met lentement ses pinces sur le

Scorpion, qui, signe fixe, prend l'habitude du poids qu'il soutient. Ils sont bien ensemble, ils peuvent exprimer leurs émotions, leurs malaises, leur bonheur, leurs douleurs, leurs plaisirs, leurs déplaisirs. Ils parlent le même langage, ils sont remplis d'espoir, ils cherchent ensemble à s'éveiller à toutes les merveilles! Ils sont souvent, du moins au début de leur union, comme deux enfants à la foire: ils ne s'inquiètent pas de l'heure, et quand la nuit tombe et qu'ils doivent faire face à la réalité du retour, voilà qu'ils n'ont plus la même vision de la vie. Le Cancer, devant l'inconnu, peut laisser couler ses larmes. Le Scorpion lui dit qu'il faut se maîtriser et qu'avoir peur c'est se paralyser, c'est bloquer l'action. Sous l'effet de l'angoisse, le Scorpion réagit et le Cancer s'enfonce dans le sol, laissant l'autre régler le mauvais quart d'heure qu'ils passent perdus dans la nuit! Le Scorpion ne restera pas longtemps insensible à la peur du Cancer et il aura vite fait de le rassurer. Pour le remercier, le Cancer fera apparaître une Nouvelle Lune juste pour voir le visage ravi du Scorpion et pour qu'il puisse enfin laisser tomber le masque de Pluton! Ils sont tous les deux inquiets; le Scorpion dissimule son inquiétude, le Cancer en parle. Le Scorpion n'aime pas qu'on le croie faible, d'ailleurs il étudie les moyens à prendre pour devenir fort. Il n'aime pas dépendre des autres alors que le Cancer n'y voit là aucun inconvénient. Quand ces deux-là commencent à s'aimer, ça peut durer toute une éternité, mais ils doivent savoir à l'avance que l'angoisse, pour l'un, et les larmes, pour l'autre, ne seront pas épargnées, et qu'au bout du corridor, quand tous deux devinent ce qu'ils sont profondément l'un et l'autre et qu'ils acceptent leurs différences, ils pourraient bien trouver que même l'éternité ne dure pas assez longtemps...

UN SCORPION ET UN LION

Le Lion est un félin, et le Scorpion, l'aigle qui survole les terres. Duo étrange! Ils sont forts tous les deux, l'affrontement est évident, cependant il s'agit ici des deux personnages les plus honnêtes et les plus francs du zodiaque, ou alors les pires menteurs. Ils se plaisent, ils se séduisent. Ils peuvent s'aimer passionnément ou se détester comme personne ne peut le faire. Tous deux sont des signes fixes. Ils aiment la continuité, ils ont tous deux envie d'un amour incontesté, sans compromis, sans discussion, je t'aime, tu m'aimes. Ils voudraient que l'amour soit aussi simple. Au fond, ce sont deux chasseurs, l'un au sol, l'autre à partir des sommets. Le Lion ne voit pas le danger, le Scorpion le sent, il voit de loin. Le Lion croit souvent qu'il peut dominer le Scorpion, mais l'aigle ne se pose pas, il a besoin de liberté, il ne veut pas être une proie. L'union n'a rien de facile. Ils ont des objectifs, mais ne prennent pas la même route. Ils ne voient pas l'avenir de la même manière. Le Lion aime protéger, se sentir fort. Le Scorpion refuse la protection, il vole seul.

Ils mettront longtemps avant de s'apprivoiser. Ils sont, en fait, aussi «sauvages» l'un que l'autre, aussi méfiants, ils ne veulent pas se faire prendre à des pièges. Ils sont tous les deux des signes fixes et ils savent d'instinct que, s'ils se lient, ils s'enchaîneront l'un à l'autre pour longtemps. Le Lion déteste les séparations et le Scorpion, une fois qu'il a apprivoisé l'âme, le coeur et le corps du Lion, le fait sien et n'arrive plus à quitter ce qui l'a attaché. Le Lion aime croire qu'il est indispensable, qu'il est fort, qu'on l'admire et il faudra beaucoup de démonstrations de force avant que le Scorpion ne l'admire. Celui-ci réclame des preuves concrètes, et le Lion attend lui aussi de son côté les mêmes démonstrations d'affection. Le Lion aura tendance à vouloir contrôler la vie du Scorpion, mais ce dernier n'accepte aucune limitation. Ils seront toutefois assez honnêtes l'un envers l'autre pour s'expliquer et établir leur territoire réciproque. Si l'un et l'autre réussissent à respecter la nature fondamentale de chacun, si le Lion accepte de laisser le Scorpion voler en toute liberté vers l'exploration de sa vie, et si le Scorpion se pose de temps à autre sans menacer les valeurs du Lion, ils peuvent faire bon ménage. Le Scorpion, symbole de l'aigle, se fait guide, et le Lion n'aime pas qu'on lui dise quoi faire ou ne pas faire. Le Scorpion devra taire sa vision du lointain pour laisser le Lion vivre ses expériences. Le Lion, face au Scorpion, devra l'aimer sans jamais tenter de le capturer, de «mettre sa grosse patte» dessus, s'il veut éviter la rébellion et le combat. L'un et l'autre, et ensemble, sont plus sensibles qu'ils ne le laissent paraître, plus touchés l'un par l'autre qu'ils ne veulent bien le démontrer. Ils peuvent jouer à l'indépendance car ils savent profondément que leur attachement va durer. C'est un lien qui ne connaîtra pas la fin. Ils désirent tous les deux un amour-passion. De ce côté, ils savent qu'ils peuvent aller jusqu'à la déraison et ni l'un ni l'autre ne veulent perdre le contrôle ou le céder! Deux puissants, deux irréductibles! Souvent deux inflexibles. S'ils veulent vivre ensemble, il faudra bien que l'un ou l'autre fasse le premier pas. S'ils attendent trop longtemps, s'ils mettent trop de distance entre eux, ils risquent de ne plus se retrouver ou de se perdre de vue. Ils devront éviter de jouer à cache-cache et se dire de temps à autre qu'ils ont besoin l'un de l'autre ou du moins qu'ils se sentent bien ensemble! Qu'ils ne s'effraient pas, mais sympathisent. Ils ne devront pas se menacer de repartir chacun de son côté à la moindre contrariété, ce qu'ils risquent de faire l'un comme l'autre. Ils sont à la recherche d'un absolu et ils peuvent le trouver s'ils le veulent! Généralement ce couple ne peut vivre heureux qu'avec une grande différence d'âge ou quand l'un et l'autre ont vécu des expériences qui les ont faits mûrir jusqu'à la tolérance. Alors seulement ils peuvent se dévouer l'un et l'autre. Parce que c'est ce que chacun réclame de l'autre.

UN SCORPION ET UNE VIERGE

Ils sont très différents l'un de l'autre. La Vierge devine pour l'immédiat et le Scorpion voit à long terme. La Vierge n'arrive pas toujours à saisir le comportement du Scorpion qui, parfois, n'a pas l'air d'agir dans son intérêt, par rapport au jugement d'une Vierge, au moment où il fait quelque chose. La Vierge, pour être sûre de quelque chose, doit toucher et le Scorpion se contente souvent de ressentir et de croire. Ce sont deux angoissés, mais d'une manière différente: la Vierge s'en fait pour une foule de détails, le Scorpion, pour l'ensemble de la vie, la sienne et celle de ceux qui l'entourent. Le Scorpion est direct dans ses opinions, il ne cherche pas à flatter. La Vierge «tourne autour du pot», ne veut pas tout dire au cas où elle devrait penser autrement dans quelque temps. Le Scorpion émet son opinion et s'il doit en changer, il se prononcera de nouveau en ajoutant que tout le monde a bien le droit de se tromper.

En amour le Scorpion s'engage, il aime ou il n'aime pas. La Vierge s'engage en se réservant une porte de sortie. Le Scorpion le sait. Aussi, devant les hésitations de la Vierge comprend-il qu'il ferait bien de rester prudent sauf que, s'il devient prudent en amour, il y a danger qu'il prenne carrément la porte et ne revienne plus jamais. Il n'aime pas la moitié d'une passion, il la veut totale, tout comme il se donne, il veut qu'on lui apporte la même part d'amour et de passion. En face de la Vierge, il est tolérant. Lui-même étant un angoissé, il comprend très bien les craintes de la Vierge. Seulement, quand les craintes se font quotidiennes, à répétition et sans fin, lui qui n'a que des phases de questions sans réponse, se lasse d'entendre continuellement les plaintes de la Vierge. La Vierge finit par demander continuellement l'approbation du Scorpion qui, lui, s'impatiente de ne pas être entendu. La Vierge admire la force et le courage du Scorpion qui, étant signe fixe, guide solidement le bateau de la vie sur lequel ils ont embarqué. Le Scorpion aime la conversation de la Vierge qui parle beaucoup et de tout. Il aime ses idées, même si elle ne les met pas toujours à exécution. La Vierge étant un signe de service, si elle admire le Scorpion, elle pourra le servir dignement et lui vouer une grande affection, et peut-être bien que le Scorpion finira par éveiller la passion de la Vierge et peut-être bien que la Vierge finira par démontrer au Scorpion qu'il vaut mieux doser que de faire une indigestion. La Vierge peut enseigner la prudence et la patience au Scorpion, et celui-ci faire comprendre à la Vierge que la spontanéité a sa place et qu'elle est bien humaine. S'il survient une séparation entre les deux, après qu'ils se sont aimés, il en restera toujours une amitié et un respect mutuel. Tous les deux sont trop intelligents pour se détruire. Une séparation, ça fait bien assez mal comme ça! Ils auront du mal à se séparer, le Scorpion étant un signe fixe et la Vierge un signe de terre qui prend racines.

UN SCORPION ET UNE BALANCE

Ce n'est pas vraiment un couple reposant. Il faudra sans doute plusieurs années avant qu'ils puissent parfaitement s'harmoniser et avoir le même rythme de vie. Le Scorpion est pressé dans l'ensemble général de sa vie, et la Balance hésite, soupèse les grandes questions et il lui arrive de ralentir le Scorpion, ce que ce dernier supporte bien mal. Pour lui, c'est se faire imposer une limite, ce qu'il n'est pas disposé à accepter. La Balance, étant un signe de Vénus, attire naturellement le Scorpion qui lui offre de la passion. Étant un signe fixe, sa vibration est une invitation à la stabilité. Ils seront plutôt directs dans leur manière de se faire la cour. La Balance dit: «voilà, je suis amoureux ou amoureuse», et le Scorpion répond: si c'est vrai, on s'embarque pour la vie! La Balance étant un signe d'air elle pourra, au fil du temps, refroidir le signe d'eau Scorpion, mais si elle ne cesse de raisonner et de soupeser, le Scorpion pourrait bien piquer une crise propre à transférer son angoisse sur la Balance et débalancer ses plateaux. Le Scorpion, le plus souvent, mène sa vie en se fiant à son flair; la Balance réfléchit aux gestes qu'elle pose. Le Scorpion peut commettre des erreurs, c'est bien certain; la Balance, de loin, aura analysé et aura eu raison de ses avertissements qui peuvent être fort utiles à l'un et à l'autre si le Scorpion, en tant que signe fixe, consent à prendre quelques conseils. Le Scorpion pourra aimer passionnément la Balance si celle-ci apprend à se décider rapidement et à vivre quelques fantaisies de temps à autre, ou à changer son horaire pour lui faire plaisir. De son côté, il devra éviter de piquer la Balance qui n'oublie rien et qui un beau jour pourrait, par petite vengeance, en temps opportun, lui remettre ça sur le nez. La Balance devra éviter de donner des ordres au Scorpion. Il n'en prend pas et là-dessus il est plutôt susceptible. Il décide. Il supporte mal qu'on lui dicte ce qu'il doit faire ou ne pas faire. La Balance devra faire des surprises au Scorpion si elle veut entretenir sa passion, se transformer pour quelques heures en une autre personne. Le Scorpion ne supporte pas l'ennui, la routine lui pèse, même s'il est signe fixe. Sa fixité tient surtout à ce qu'il s'accroche à certaines idées, mais pas à toutes, et n'en démord pas; il aime bien que le lendemain ne soit pas tout à fait comme la veille. Il devra s'efforcer de ne pas «tomber» sur le dos de la Balance quand il est dans ses jours sombres qui frôlent l'angoisse, et surtout qu'il ne l'accuse pas de ses peurs. Il débalancerait les plateaux qui ont bien du mal à se réajuster et c'est lui qui y perdrait en tendresse. La Balance étant un signe d'air, elle peut fort bien s'évader dans son imagination, même si elle est pleine de raison! Et peut-être pourrait-elle se demander quelle raison elle a d'aimer une personne aussi sombre. Ils devront mutuellement, et à tour de rôle, se faire plaisir pour entretenir l'amour. Se faire des cadeaux, par exemple, pour se surprendre et s'émouvoir mutuellement. L'amour ça s'entretient, et pas besoin d'une rivière de diamants ou d'une voiture de luxe... il suffit d'un tout petit quelque chose pour se souvenir qu'on s'est aimés au début... et pourquoi ne pas continuer!

UN SCORPION ET UN AUTRE SCORPION

Voilà une union bien particulière et qui, en fait, n'aura rien de facile. Deux personnes qui peuvent se soupçonner l'une et l'autre de ne pas s'aimer suffisamment, ça peut devenir étouffant ou fort insécurisant. Être animé d'une forte passion et se demander sans arrêt si l'autre aime avec la même ardeur, quoi de plus angoissant! Ils se surveillent, se devinent. Ils vivent des angoisses, mais pas toujours les mêmes et pas toujours non plus au même moment. Ce sont deux types tout à fait excessifs pour une chose ou pour une autre. Ils n'ont pas nécessairement les mêmes qualités ni les mêmes défauts, mais ils se rejoignent dans l'excès de l'un et de l'autre. Quand ils réussissent à vivre ensemble assez longtemps, ils peuvent vivre alors une grande évolution vers de profondes et intenses transformations. Au bout de quelques années, ils auront tellement changé que l'un et l'autre auront presque la sensation de vivre avec une autre personne!

Ils traverseront des étapes de crise difficiles, mais rien n'est insurmontable. Ils devront être bons et tolérants l'un envers l'autre. Ils devront savoir s'ils commencent ensemble qu'ils sont des êtres de passion, même si celle-ci n'est pas toujours exprimée. Elle existe, même dans le silence. Ils devront apprendre à se faire confiance. Chacun, au fond, a peur de se retrouver seul avec ses angoisses, même si ça ne paraît pas toujours. La plupart des Scorpions se cachent derrière le masque de Pluton et, finalement, démontrent leur force dans l'épreuve. La vie s'arrangera pour provoquer quelques difficultés juste pour voir s'ils sont assez forts pour passer au travers, test d'épreuves cosmiques... divines... Ils sont forts, et quand ils décident de passer ensemble quelque part, ils sont encore plus forts après qu'avant. Ils sont tous les deux les représentants du signe de la mort, voilà donc un test que l'un des deux partenaires pourrait subir d'abord, et l'autre ensuite. Ils sont aussi les signes de la résurrection et sont bien capables de faire ce genre de miracles en tirant l'autre de la mort si le ciel place cette épreuve sur leur route. Ils seront très attentifs à leur progéniture et sauront la guider dans une belle harmonie. Là-dessus, les mésententes seront plutôt rares. L'un autant que l'autre ayant le respect de la vie et de la liberté, ils élèveront leurs enfants de manière à les rendre autonomes et fiers. Un Scorpion ne supporte pas tellement s'entendre dire quoi faire et ne prenant aucun ordre, si les deux sont comme ça, ils devront donc attendre que l'un et l'autre décident quand il est temps de changer et ne rien pousser ou bousculer. Cela équivaudrait à se faire la guerre à mort, alors qu'ils sont tout aussi capables de s'aimer passionnément jusqu'à la fin!

UN SCORPION ET UN SAGITTAIRE

Tous les deux s'entendront bien, seront de bons camarades. Le Sagittaire exagère, le Scorpion le sait, mais comme il peut discerner le vrai du faux, il le laissera dire et faire ce qu'il veut durant un bon moment, puis hop! Le Sagittaire, n'ayant pas été suffisamment présent, reçoit une piqûre du Scorpion. Lui, Sagittaire en expansion, il considère la chose de haut et de loin; il n'est pas non plus rancunier. Voilà que le Sagittaire, signe double, fait une promesse au Scorpion, signe fixe. Le Scorpion est en attente, il lui a fait confiance et se dit, avec patience, qu'il est impossible qu'un humain ne tienne pas une promesse, mais le Sagittaire étant mi-homme mi-cheval, ce centaure, parti depuis trop longtemps pour un autre lieu de chasse, a oublié sa promesse... et vlan! le Scorpion lui envoie quelques dards, au début légèrement empoisonnés, et de plus en plus par la suite. Relation difficile entre un signe fixe, qui n'a qu'une idée en tête, et un signe double de feu qui en a plusieurs, et toutes aussi importantes les unes que les autres. Le Sagittaire est un explorateur, qui se fie à sa chance, et il a raison car elle vient, et quand elle le quitte ce n'est jamais pour longtemps. Le Scorpion, en général, broie du noir et veut une certitude, alors que la certitude n'est pas de ce monde. Le Sagittaire l'a compris, lui; le Scorpion doit l'apprendre. Et c'est dans un accord mutuel pour l'aventure qu'ils peuvent se rencontrer. Le Sagittaire apprendra l'élémentaire prudence et le Scorpion apprendra à prendre des risques et à avoir confiance en sa bonne étoile. Le Scorpion démontrera au Sagittaire ce qu'est la réalité de la vie et le Sagittaire apprendra au Scorpion comment on peut obtenir plus d'elle en y croyant profondément, en s'accrochant à son rêve. Le Sagittaire est un signe magique, il lui suffit de vouloir! Le Scorpion est un être de volonté, il lui suffit d'aller droit au but. Dans une vie quotidienne pleine de routine, ils auront bien du mal à s'entendre. Le Scorpion, signe fixe, n'est nullement dérangé quand il prend quelques habitudes. Le Sagittaire, au bout de quelque temps, fera n'importe quoi, ou presque, pour qu'aujourd'hui soit totalement différent d'hier. Sur ce sujet ils pourront avoir quelques discussions. Le Scorpion, quand il est amoureux, a tendance à oublier le reste du monde et ses amis, ce qui n'est pas le cas du Sagittaire qui sait fort bien aimer et entretenir en même temps ses relations. Point sur lequel le Scorpion a beaucoup à apprendre. Le Sagittaire, par ailleurs, devra apprendre à vivre des moments d'intimité et de confidences sans témoins! Ce sont deux indépendants, au fond. Le Scorpion n'aime pas dépendre de qui que ce soit et le Sagittaire aime la liberté d'action et ne supporte pas les cadres qui le limitent. Si le Scorpion en arrivait à se sentir dépendant de l'autre, la lutte pourrait commencer, et le Sagittaire ne pourrait supporter qu'on s'appuie trop sur lui: une trop lourde charge ralentit le cheval! Matériellement, le Scorpion assume toutes ses responsabilités. Le Sagittaire aussi, sauf qu'il a une forte tendance à dépasser le budget, autre sujet de conversation qui risque, à certains moments, de virer au vinaigre. Ils devront tout d'abord faire des ententes et se mettre d'accord! En cas de rupture, le Sagittaire pourrait fort bien être le plus blessé des deux. Le Scorpion est un puissant signe d'eau et le Sagittaire, un signe de feu, et quand l'eau éteint le feu, même quand le feu fait bouillir l'eau trop longtemps, l'eau s'évapore, s'enfuit, ou trop fort, elle retombe sur le feu! Le Scorpion, quand on l'a blessé, a la fâcheuse habitude de laisser sa marque, on ne peut plus l'oublier. Tous deux devront éviter les jeux de mots blessants, le Scorpion devra rentrer son dard et le Sagittaire, éviter de prétendre détenir la vérité à tout moment!

UN SCORPION ET
UN CAPRICORNE

Tous deux s'attirent immanquablement, surtout quand l'un et l'autre possèdent un gros bagage d'expérience de la vie. Ils seront prudents et polis l'un envers l'autre et l'un pour l'autre. Le Capricorne est un être prévoyant et le Scorpion a besoin d'être rassuré. Le Capricorne est un signe de terre et le Scorpion, un signe d'eau. La terre peut donc être fertilisée, ce qui lui permettra alors de s'épanouir, et s'épanouir, pour un Capricorne, c'est souvent accepter de s'émouvoir, ne plus jouer les invincibles. Le Scorpion connaît par coeur le manuel de l'angoisse, de la peur; il ressent le Capricorne qui, dans sa jeunesse, s'inquiète pour une foule de choses. D'un autre côté, quand ils sont jeunes ils ont un peu de mal à se comprendre, l'indépendance du Scorpion choquant le Capricorne qui aime protéger. Le Scorpion cache ses profondes émotions sous le masque de Pluton. Le Capricorne essaie de deviner, mais l'autre préférera garder le mystère. C'est à l'âge de la maturité qu'ils peuvent enfin traiter d'égal à égal. Ces deux signes n'ont que rarement la vie facile. Les épreuves de force sont nombreuses et chacun y fait face à sa façon. En vieillissant ils pourront partager les trucs qu'ils ont utilisés pour se sortir de telle ou telle autre situation. Le Scorpion n'est pas amateur des conseils d'autrui et le Capricorne aime bien en donner afin d'assurer à l'autre sa protection. Le Capricorne est un signe cardinal, donc de commandement, et le Scorpion un signe fixe, qui ne prend pas d'ordre. Voilà un territoire sur lequel ils devront se surveiller. Le Scorpion, quand on enfreint sa liberté d'action, devient fort susceptible et même pointilleux et il contre-attaque directement sur les points vulnérables du Capricorne qu'il devine aisément. Le Scorpion étant un signe d'eau, il symbolise qu'il peut s'infiltrer partout et se sentir particulièrement à l'aise dans la terre du Capricorne qui, en fait, représente un défi: il n'est pas facile de faire fleurir une montagne! Pour qu'ils puissent vivre heureux ensemble, ils devront éviter de s'ancrer dans trop d'habitudes, la routine les éteint l'un et l'autre, les sépare même. Le Scorpion provoquerait alors un tremblement de terre, et quand l'eau et la terre ne s'harmonisent plus, ça fait de la boue! Ils sortiraient profondément blessés s'ils s'engageaient dans un combat. Bien que le Capricorne soit sage, il a son orgueil bien en place. Et quand un Scorpion claque la porte, il a tellement mal qu'il n'arrive plus à la rouvrir, il craint de revivre la même angoisse. Pour qu'ils puissent continuer leur route ensemble, ils devront avoir un intérêt commun, soit un sport, soit une étude sur un sujet précis. L'intellect et le partage des tâches doivent être d'égal à égal. Ce sont deux signes forts qui ne doivent nullement rivaliser sinon ils vont à leur perte. Qu'ils unissent leurs forces et ils formeront un duo qui les mènera tout droit sur la route de la sagesse, à la découverte des grands mystères de ce monde.

 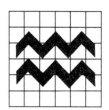

UN SCORPION ET UN VERSEAU

Ils se provoquent l'un l'autre. Le Verseau vit avec la raison; le Scorpion vit dans les émotions. Le Verseau n'est pas démuni d'émotions, il fait semblant de ne pas les ressentir au cas où ça le blesserait. Le Scorpion n'est pas démuni de raison, mais avec les émotions il touche le coeur et les sentiments en ligne droite. Ce sont deux signes fixes, deux êtres indépendants. Ni l'un ni l'autre n'acceptent des conseils. Le Verseau paraît écouter attentivement, mais son esprit est ailleurs. Le Scorpion ne supporte pas qu'on lui dise quoi faire, mais il retient et, un jour, il mettra en pratique le conseil qu'on lui a donné. Il faudra à chacun une bonne dose de tolérance pour qu'ils vivent ensemble. Il s'agit de deux signes fixes qui partagent difficilement le territoire qu'ils se sont alloué. Le Verseau, plutôt individualiste, se préoccupe du bien-être de la société et oublie souvent sa propre famille et la personne qui vit près de lui. Il veut réformer le monde. Le Scorpion, signe fixe, l'attend, il est patient. Mais un jour, réalisant qu'il ne fait plus partie de la société du Verseau, il s'en ira sans faire de drame. Quand le Verseau se rendra compte du vide, réalisera qu'il n'y a plus de chaleur, plus de passion, plus de sentiments, qu'il se retrouve avec sa seule raison, alors il pourra faire n'importe quoi, ou presque, pour retrouver le Scorpion qui, lui, de son côté se laissera prendre par les émotions! Pour qu'ils puissent vivre heureux ensemble, étant donné leur vision différente de la vie, de temps en temps, à tour de rôle, chacun devra descendre dans la vie de l'autre et essayer de se mettre à sa place. Ils apprendront ainsi à respecter leurs goûts qui sont généralement très différents, et leurs idées. Le Verseau réforme, le Scorpion transforme. Le Verseau, onzième signe du zodiaque, possède en lui toute une connaissance subconsciente des signes qui le précèdent. Aussi, quand il rencontre un Scorpion, a-t-il parfois l'impression qu'il le connaît, qu'il peut le cerner. Surprise! Ce que le Verseau ignore c'est que le Scorpion est continuellement en mutation, et quand il croit avoir compris il a devant lui un Scorpion différent. Le Verseau aime la surprise et le Scorpion a horreur de l'ennui. Là-dessus ils seront d'accord pour faire de leur vie commune un mouvement continu; il faudra simplement qu'ils évitent le chaos. Le Verseau ne devra pas se moquer de l'intensité émotionnelle du Scorpion, de ses peurs, et le Scorpion se gardera bien de se replier sur son monde et de fuir les amis du Verseau qui, généralement, en a beaucoup. Le Scorpion étant jaloux et possessif, et le Verseau étant un signe de permissivité sexuelle, ils peuvent bien se réserver de petites surprises. Pour le Scorpion, la sexualité a souvent quelque chose de sacré. Pour le Verseau c'est une expérience de plus et sans conséquence. Il risque donc d'y avoir des frictions. Si le Verseau s'éparpillait, la sentence du Scorpion serait terrible, ce serait un non-retour. Le Verseau est un signe d'air, il lui arrive d'oublier les détails qui préoccupent tant notre Scorpion. Le Verseau demande: qu'est-ce que tu as fait? et le Scorpion: Comment te sens-tu? Il leur faudra ajuster leur mode de vie. Pour un Verseau, faire est essentiel; et pour un Scorpion, c'est sans doute faire, mais aussi bien sentir. Le Verseau apprendra du Scorpion que les sentiments sont tout aussi importants que le monde de la raison. Le Scorpion apprendra du Verseau à composer avec les différentes personnes qui se trouvent sur sa route et à ne pas craindre pour le lendemain parce que, pour le Verseau, il y a toujours de l'avenir.

UN SCORPION ET UN POISSONS

Il est bien rare qu'ils ne s'entendent pas tout de suite. Ils se ressentent. Le Poissons a la faculté de se mouler au rythme d'autrui, et rien de mieux qu'un autre signe d'eau pour suivre la vague! Ils plongeront l'un dans l'autre, si je puis dire. S'il survient des difficultés dans leur relation de couple, ils auront du mal à être agressifs l'un envers l'autre. Ils sont sensibles et ils le savent profondément, aussi éviteront-ils les blessures. Le danger réside dans la communication verbale. Le Poissons n'exprimant que très peu ses émotions, il brave la plupart du temps, il fait comme si tout lui coulait sur le dos. Le Scorpion, plus expressif, surtout en face du Poissons, ressent fort bien ce que le Poissons évite de lui dire ou voudrait lui dire. Au début, les choses en resteront là puis le Scorpion, fatigué de jouer au devin, exigera, à la grande surprise du Poissons, de s'entendre dire un «je t'aime» ou «je tiens à toi». Le Poissons ferait bien de réagir s'il ne veut pas s'entendre dire: «Je fais ma valise et vais chercher un courant plus hospitalier et plus coloré!» Ils sont deux grands passionnés, mais ils n'ont pas la même vision de la vie. Celle du Scorpion, c'est d'être heureux avec ce qui est autour de lui, avec les gens qu'il connaît, il a besoin de concret pour se réali-

154

ser. Le Poissons vit passionnément dans ses rêves, et parfois il part à la conquête de l'un d'eux. Il est capable, s'il le faut, de se détacher de mille choses et mille gens aussi, ce que le Scorpion a bien du mal à faire, son signe fixe le rattachant, le raccrochant à sa famille, à ses amis, à ses biens. C'est le plus souvent le Scorpion qui fixe une ligne de conduite au Poissons. Il devient une sorte de port d'attache. Le Poissons peut toujours tenter une évasion, mais quand il aura été secoué par les tempêtes, il reviendra vers le Scorpion qui lui aura conservé sa place intacte. Leur amour ne sera pas sans remous. Ce sont deux sensibles, deux êtres qui, tout au fond d'eux-mêmes, craignent d'être abandonnés, et tous deux ont peur de l'exprimer. Par bravade, souvent pour se prouver qu'ils sont forts, ils se quitteront et essayeront de vivre séparément, mais quand ils se sont aimés, le lien qu'ils ont créé est si fort qu'il survit en eux, même à distance. Le Scorpion, en tant que signe fixe, prend ses responsabilités et poursuit ses objectifs. Le Poissons, en tant que signe double, ne prend pas toujours ses responsabilités, il s'absente, s'enferme à l'intérieur de lui-même où le monde lui semble beaucoup plus grand. Il voit mieux les yeux fermés, il se met en contact avec l'infini et, du même coup, il perd le sens de la réalité. Il y a toutes sortes de manières pour vivre hors du temps. Certains Poissons se donnent à leur travail et oublient complètement leur vie intime. D'autres ne vivent que dans l'intimité d'une autre personne et oublient qu'il faut aussi assurer leur subsistance. Comme le Poissons n'est pas tout à fait raisonnable, il peut aller d'un excès à l'autre, sans s'en rendre compte. Il gagne d'un côté et y perd de l'autre. Par rapport à lui, le Scorpion tente de tout unifier. La vie sociale et la vie intime sont tout aussi importantes l'une que l'autre. Pour qu'ils puissent vivre heureux ensemble, il n'y a qu'une façon: rendre l'autre plus heureux que soi et être attentif à ses besoins. Ils n'ont pas beaucoup d'efforts à faire pour deviner, il suffit de le vouloir et le tour est joué!

Ses relations avec les autres signes

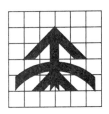

UN SAGITTAIRE ET UN BÉLIER

Le Bélier et le Sagittaire, voilà une paire de signes de feu qui vont bien ensemble! Le Bélier s'emballe, le Sagittaire réduit la flamme, sans la faire trop vaciller, sans la mettre en danger. Le Sagittaire a le goût de faire des choses, et le Bélier le stimule à l'action, le pousse toujours plus loin vers les hauteurs, vers la réussite. Le Sagittaire a besoin de liberté, d'espace, de distance entre lui et l'autre, et le Bélier peut l'accepter venant du Sagittaire, car celui-ci connaît instinctivement les mots qui rassureront le Bélier sur son retour.

Le Sagittaire a la sagesse, du moins la plupart du temps, et le Bélier, encore enfant dans le zodiaque, a besoin de ses conseils. Le Sagittaire, neuvième signe du zodiaque, peut se faire vieux; le Bélier, premier signe du zodiaque, le rajeunit. Ils peuvent s'aimer toute une vie. Ils pourraient se séparer, mais il n'est pas rare qu'ils se retrouvent, en se disant, encore une fois, pour toujours.

UN SAGITTAIRE ET UN TAUREAU

Le Sagittaire et le Taureau, voilà une liaison dangereuse, mais, comme je le dis toujours, rien n'est impossible. Le Sagittaire sera séduit par Vénus du Taureau, il se sentira apaisé en sa présence. Il sait aussi qu'il ne se déplace que lentement et qu'il peut toujours le rattraper si, lui, le Sagittaire, a fait un détour sur la route. Le centaure est plus audacieux, il voit grand et plus loin. Il ne craint qu'une chose, ne pas avoir assez de plaisirs, ne pas pouvoir explorer, ne plus bouger...

Le Taureau n'est pas pressé, il a tout son temps, et chaque minute mérite qu'on la goûte. Le printemps s'éveille. Pour le Sagittaire, l'hiver est arrivé, il lui faut bouger pour ne pas geler. Le Taureau exprime ses sentiments en y réfléchissant à deux fois. Il ne veut pas commettre d'erreur parce qu'il ne veut pas non plus revenir sur une parole donnée. Le Sagittaire est vif, il dit ce qu'il pense à l'instant, et ça ne le gêne nullement de dire, quelques instants plus tard, qu'il pense autrement, ce qui bouleverse le Taureau qui croit en l'immuabilité des sentiments. Pour un Taureau aimer, c'est pour la vie. Pour un Sagittaire, c'est pour tout de suite!

Le Sagittaire peut ainsi blesser la sensibilité du Taureau. Il a besoin d'action et a du mal à comprendre que le Taureau le désire aussi, mais avec autant de lenteur et parfois de recul. Le Taureau n'arrive pas à bien saisir le détachement du Sagittaire, ou son non-attachement à la tradition, à certaines règles de vie. S'il a des enfants, le Taureau risque de les avoir seul à sa charge. Le Sagittaire n'a pas le temps, il lui faut voir à tout, tout explorer, transmettre les messages qu'il apprend ailleurs, au loin. Le Taureau pourrait l'attendre, comme l'hiver qui attend son printemps, mais si les saisons passent en se multipliant, un jour le Taureau n'y sera plus, le Sagittaire ne le retrouvera pas.

Le Sagittaire, bien qu'attaché aux enfants, ne ressent pas le besoin d'être tout près d'eux. Il les aime et cela devrait suffire! Le Taureau ne le voit pas de cet oeil, et la stabilité pour lui est importante. En fait, c'est une aventure risquée pour les deux. Là où ils se sentent le mieux ensemble, c'est pour la fête et les occasions de plaisir. Dans un quotidien qui contraint à des obligations, ils ne s'entendent pas toujours très bien; le Sagittaire dit qu'il faut qu'il parte et le Taureau dit qu'il faut qu'il reste, et chacun est tenace, chacun gagnera de son côté... le plus souvent le Taureau sera la victime. Il souffre quand il est délaissé. Le Sagittaire, ce signe de feu, se laissera emballer par une nouveauté, un nouvel attrait. Il n'oubliera pas tout, mais presque, alors que le Taureau, lui, n'aura absolument rien oublié!

UN SAGITTAIRE ET UN GÉMEAUX

Le Sagittaire et le Gémeaux, oh! voilà la paire, et ils sont nombreux à s'unir ainsi. Pourtant, ce sont deux étrangers qui ne parlent pas la même langue et qui gesticulent sans cesse pour se comprendre l'un l'autre. Ces deux vibrations, quand elles se trouvent face à face, sont activées: le Gémeaux devient plus nerveux parce qu'il est impressionné par l'assurance optimiste et même grandiose du Sagittaire, et le Sagittaire se gonfle la poitrine parce qu'il se sent plus fort, plus invincible! Il peut alors en mettre plein la vue au Gémeaux qui s'étourdit de toute cette puissance qu'il aimerait lui-même posséder.

Deux séducteurs avec deux méthodes différentes: le Gémeaux parle vite, et le Sagittaire agit vite, il est pressé. Le Sagittaire est en amour et, vlan! il coupe les ailes du Gémeaux qui ne peut plus s'envoler. Il sait se rendre suffisamment indispensable pour que le Gémeaux reste, l'affectionne et même l'admire! Le Sagittaire, d'ailleurs, s'il est séduit fera tout en son pouvoir pour le persuader de sa grandeur, de sa noblesse; il lui fera de belles promesses d'avenir que le Gémeaux pourra remuer dans sa tête au rythme d'un conte! Quelques promesses se réaliseront, mais pas toutes, et parfois c'est une promesse à laquelle le Gémeaux tenait, une petite, qui ne sera pas tenue. Voilà que le Sagittaire s'emporte n'en croyant pas ses oreilles qu'on puisse se contenter de si peu! Voilà la chamaille! Mais ni l'un ni l'autre ne sont de véritables rancuniers, ils n'ont pas le temps: le Sagittaire a beaucoup à faire et le Gémeaux a beaucoup à penser. La distraction vient vite faire son oeuvre.

Comme avec la Balance, en affaires, ça peut marcher comme sur des roulettes ou c'est le fiasco total. Le Gémeaux a les idées et le Sagittaire sait comment les exploiter pour faire de l'argent avec. Mais ni l'un ni l'autre ne se préoccupent réellement des obstacles ou des embûches, ils peuvent se «cogner le nez». Mais le Gémeaux aura alors une autre idée et, pour le Sagittaire, rien n'est jamais perdu, l'expérience est précieuse et toujours au service de celui qui veut bien s'en servir. Ils peuvent se décourager de vivre ensemble, ça arrive de temps à autre; tout va trop vite, le Gémeaux n'a pas le temps de comprendre, et le Sagittaire n'a ni le temps ni le besoin d'expliquer.

Le Gémeaux, quand il reçoit un ordre qui ne lui plaît pas, tourne le dos comme s'il n'avait pas compris. Le Sagittaire donne un ordre et oublie de voir si on l'a exécuté. Oui ça peut marcher en amour, mais en affaires, il faudra que le Sagittaire modère son feu sinon l'air du Gémeaux deviendra irrespirable. Le Gémeaux devra éviter de provoquer l'éparpillement des flammes du Sagittaire pour que l'incendie ne consume pas tout! Le Gémeaux devra cesser de s'accrocher à trop de détails que le Sagittaire n'a pas vus. Le Sagittaire, lui, devra ménager la susceptibilité du Gémeaux en évitant de lui dire trop crûment ses quatre vérités, et comme ça, ce sera presque parfait...

UN SAGITTAIRE ET UN CANCER

Le Sagittaire et le Cancer, voilà un signe d'eau et un signe de feu. Au risque de me répéter l'eau éteint le feu, le feu fait bouillir l'eau au point qu'elle déborde et retombe sur le feu, ou alors sous l'effet d'un feu doux, l'eau s'évapore lentement et disparaît! Ces deux signes n'ont pas beaucoup de points en commun: le Cancer aime la maison et le Sagittaire préfère s'en trouver éloigné! Le Cancer est traditionnel par nature, et le Sagittaire aime la nouveauté et la fantaisie.

Le Sagittaire aime dire la vérité sans détour, franchement, et il oublie de se demander si l'autre la prend telle qu'il la dit. Il lui arrive même de manquer de l'élémentaire délicatesse et tient pour acquis qu'on a compris, sans se fâcher, ce qu'il a énoncé comme étant sa vérité. Il n'a que rarement l'impression d'avoir commis une erreur, sauf quand il doit la confronter. Et quand il est devant l'erreur, il a l'honnêteté d'avouer qu'il aurait dû faire autrement. Le Sagittaire est généralement prompt et le Cancer a le plus souvent ses réactions à retardement; il pleure en cachette et ne sait plus, à un certain moment, comment exprimer sa blessure, et plus il y réfléchit, moins il sait comment! Un Sagittaire attentif pourrait bien le remarquer à sa mine triste, mais le Sagittaire n'aime pas s'attarder à ce qui blesse, il a autre chose à faire et, dans la vie, pour lui l'espoir est devant, le souvenir n'est que le souvenir.

Il est d'un optimisme à égayer un Cancer qui veut bien le suivre dans ses élans vers l'expansion! Le Cancer devra se corriger de son scepticisme s'il veut vivre avec le Sagittaire et le Sagittaire devra apprendre à dire la vérité avec plus de modération. La franchise c'est bien beau, mais il y a des façons de dire! L'amour n'est pas impossible, rien ne l'est au fond, il suffit d'y croire, d'y ajouter une pincée de bonne volonté, et un grand verre de tolérance! Évitez de trop manipuler la pâte des émotions du Cancer, elle deviendrait dure, non comestible! Acceptez qu'il y ait un peu trop d'épices dans la vie du Sagittaire, ça goûte un peu plus fort qu'on s'y attendait, mais c'est tout de même délicieux! Tout ça peut faire un beau gâteau, à condition de le faire chauffer à feu doux, comme la recette l'exige. Le Sagittaire devra de temps à autre apporter au Cancer des fleurs, un cadeau, surtout les jours de Lune où celui-ci se fait un peu remuer de l'intérieur! Le Cancer devra accepter les invitations du Sagittaire qui décide à la dernière minute d'aller ici plutôt que là parce qu'il devine que ce sera plus amusant! Le Sagittaire est perpétuellement en recherche de vérité, et le Cancer est toujours sur le point de la trouver, puis le doute l'assaille. Le Sagittaire pourra alors le rassurer sur ses découvertes car il sait, lui, qu'une chose comprise et admise marque le début de l'aventure et que la Lumière brille pour tout le monde.

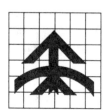 

UN SAGITTAIRE ET UN LION

Le Sagittaire et le Lion, deux signes de feu! Deux personnes qui se pardonnent facilement leurs explosions! Le Lion admire l'audace et et le non-conformisme du Sagittaire. Il aime le grandiose, alors que le Sagittaire ne peut vivre sans dépasser quelques limites. N'est-il pas le signe de l'expansion? Le Lion est un signe fixe et le Sagittaire, un signe mutable ou double. Le Lion aime la chasse et le Sagittaire préfère courir. Les voilà donc plutôt satisfaits sur le plan de l'action. Ils ne s'ennuieront pas ensemble. Quand le Sagittaire s'apercevra que le Lion tourne en rond dans sa cage, il aura tôt fait d'inventer un désennui!

Généralement plutôt bavard, le Sagittaire ne se gêne nullement pour dire ce qu'il pense, et le Lion, lui, est plus méditatif, plus songeur et plus tourmenté. Aux grands mots du Sagittaire, notre Lion ne prendra quand même pas trop de temps à réagir et voilà qu'un combat peut s'engager. Les flammes de nos deux signes de feu s'élèvent puis, tout à coup, elles se mêlent et se marient de nouveau pour ne faire qu'un seul feu! Le Sagittaire est plutôt dépensier, en général. L'exception fait la règle; le Lion aime l'argent, le luxe, ce qui est beau, ce qui coûte cher. Alors, pour qu'ils soient vraiment satisfaits de la vie, ils devront avoir beaucoup d'argent afin de pouvoir en dépenser beaucoup!

Il arrive que certains Sagittaires préfèrent dépenser l'argent des autres plutôt que le leur. Le Lion ayant une nature généreuse, il offrira à ce type de Sagittaire le meilleur. Si le Sagittaire en profite tant et tant sans jamais dire merci ou être reconnaissant au Lion, aussi risque-t-il de voir le Lion lui faire une scène dont il se souviendra longtemps et qui peut aussi provoquer une prise de conscience, tout autant que sa générosité envers le Lion qui l'avait si bien traité jusqu'ici.

Quand ils commencent à s'aimer, cela peut ne jamais finir! À moins que le Sagittaire soit infidèle, il est un signe double et il lui arrive de croire que c'est peut-être mieux et meilleur au loin. Le Lion ne le supportera pas. Il demande l'exclusivité en amour. Le Lion pourrait devenir possessif et tenter de limiter les sorties et les visites du Sagittaire à ses amis, autre sujet qui risque de devenir brûlant! Le Lion peut se sentir heureux et à l'aise avec peu de gens autour de lui, alors que le Sagittaire aime être entouré constamment de nouvelles personnes et d'amis. Ils devront en discuter et mettre ce sujet au clair. Ils seront sincères l'un envers l'autre.

Le Sagittaire peut toujours essayer de s'esquiver quand il trouve le sujet embêtant, mais le Lion le rattrape et sait fort bien exiger qu'on lui dise tout, parce que, lui, il ne se gênera nullement pour lui faire savoir ce qu'il pense de ses attitudes. Une fois le jeu de la vérité terminé, le Sagittaire pourra aller faire une promenade et le Lion sera sorti en claquant une porte. Chacun ira de son côté, ils commenceront à penser séparément, et la vie n'aura plus la même saveur. Mais les voilà qui rentrent; le Sagittaire raconte qu'il a rencontré une étoile qui lui a dit qu'un Lion le cherchait...

UN SAGITTAIRE ET UNE VIERGE

Étrangement, ils se rencontrent. Au départ, ils ne sont pas faits pour vivre ensemble. Le Sagittaire n'a pas peur de l'insécurité, de l'aventure. Il est le signe de l'expansion, de l'exagération, tandis que la Vierge, au contraire, limite, restreint, calcule, analyse et porte attention à toutes les petites choses devant elle. Pourtant, de nombreux couples Vierge et Sagittaire vivent ensemble et sont heureux. La Vierge s'est laissé épater par l'aventure et le Sagittaire a appris à se modérer pour vivre un meilleur équilibre. Là où ils ont le plus d'affinités, c'est sur les valeurs morales. La Vierge, constamment à la recherche de la vérité, se laisse toucher par la foi du Sagittaire qui croit sans avoir ce besoin de voir pour croire. Il réussit à prouver maintes et maintes fois à la Vierge qu'en croyant on soulève les montagnes.

La Vierge, de son côté, a démontré au Sagittaire qu'en se préoccupant des détails on fait avancer l'ensemble d'une entreprise et qu'on ne perd pas de temps à tâtonner quand on a tout prévu. La Vierge est le symbole de l'humilité, contrairement au Sagittaire qui s'aime assez bien et qui est conscient de sa valeur et de sa force. La Vierge apprend donc à s'aimer puisque ça réussit bien au Sagittaire, et celui-ci apprend à se laisser découvrir plutôt que d'étaler ce qu'il est! Mais rien n'est parfait.

La Vierge est une personne critique. Le Sagittaire ne l'est pas, il prend en général les gens tels qu'ils sont, sans faire d'histoire. La Vierge est subtile dans ses critiques et elle a généralement raison. Le Sagittaire, qui ne se préoccupe que très peu des détails, pourrait se voir reprocher son manque ici et là et, au bout de trois, dix ou vingt ans, il a la sensation qu'il fait tout mal, et le voilà découragé et ne s'aimant plus... Nous avons là alors le plus triste et le moins productif des Sagittaires! Le Sagittaire peut étourdir la Vierge, il est constamment en action, il a besoin de voir des gens, de se mouvoir, aussi de s'évader seul et d'aller visiter ses amis. Et pour ce faire, il délaisse la Vierge... Mais après quelques années, la Vierge ne le supporte plus. Elle a tout noté dans son carnet intime qu'elle remet sous le nez du Sagittaire, lequel n'en revient pas d'avoir été aussi bête! Il aurait fallu le lui dire tout de suite... seulement, il n'aurait pas écouté. Le Sagittaire a ce petit côté signe de feu: il suit ses impulsions, ses désirs, sans toujours se demander ce qu'on en pense. Il s'aime tellement qu'il en oublie d'aimer les besoins de l'autre!

Tous deux s'entendront généralement bien sur le plan de la famille. La Vierge tient à ce que les enfants soient bien éduqués, et le Sagittaire souhaite qu'ils soient heureux. En combinant les deux, cela fait des enfants heureusement éduqués. Le Sagittaire, s'il veut vivre heureux et longtemps avec la Vierge, devra éviter de froisser les sentiments de celle-ci en disant des vérités trop crûment. La Vierge demande qu'on y pense avant de lui dire quelque chose qui pourrait lui laisser voir ses imperfections. De son côté, elle devra être prête à suivre le Sagittaire dans son aventure autour du monde et se laisser éblouir par tout ce qui est neuf, et surtout ne pas critiquer ce qui est différent de ses valeurs et conceptions!

UN SAGITTAIRE ET UNE BALANCE

Voilà une belle paire! Ils se font du charme et ils ne tardent pas à tomber l'un et l'autre dans le panneau de l'amour, en plus de découvrir que c'est magique, facile, possible, renouvelable, intéressant... La Balance est tout d'abord une personne qui hésite, elle balance. Le Sagittaire, un signe de feu en état d'exaltation, est audacieux, et la Balance, devant ce monde qui s'ouvre et qu'on peut découvrir, hésite moins longtemps qu'avec d'autres signes! Le Sagittaire, quand il fait une promesse à une Balance, plus que pour tout autre signe, il la tiendra! Signe double, il est capable de prendre la fuite... La Balance est un signe d'air... l'air s'échappe, aussi le Sagittaire, s'il ressent que la Balance peut lui échapper, déploie un zèle incroyable pour la retenir. La Balance charme le Sagittaire et ce dernier adore être charmé. Un Sagittaire s'attarde rarement aux détails qui fabriquent le quotidien; face à lui, la Balance s'en occupe. Elle fait tout son possible pour s'occuper des petites choses pendant que le Sagittaire règle les grosses. Voilà qui permet aux choses de s'ajuster parfaitement ensemble.

La Balance, de par son signe d'air, souffle sur le signe de feu du Sagittaire et fait monter la flamme et celui-ci est alors prêt à conquérir le vaste monde, pour son plaisir et aussi pour ravir la Balance. Ils sont faits pour s'entendre moralement: tous les deux aiment la vérité, la Balance par souci de justice et le Sagittaire parce qu'il n'aime pas cacher quoi que ce soit. Socialement, ils font un beau couple. La Balance aime charmer les gens et le Sagittaire, les impressionner! Pour ne jamais être déçue, la Balance ne lui donnera pas d'ordre, il n'obéirait pas, de toute façon. Pour garder la Balance, le Sagittaire devra garder de son temps juste pour elle, en tête à tête, et lui répéter dans l'intimité les mêmes mots qu'il lui disait au début de leur fréquentation!

UN SAGITTAIRE ET UN SCORPION

Ils s'entendront bien, seront bons camarades. Le Sagittaire exagère, le Scorpion le sait, mais comme il peut discerner le vrai du faux, il le laissera dire et faire ce qu'il veut durant un bon moment, puis hop! Le Sagittaire, n'ayant pas été suffisamment présent, reçoit une piqûre de Scorpion. Lui, Sagittaire en expansion, il considère la chose de haut et de loin; il n'est pas non plus rancunier. Voilà que le Sagittaire, signe double, fait une promesse au Scorpion, signe fixe. Le Scorpion est en attente, il lui a fait confiance et se dit, avec patience, qu'il est impossible qu'un humain ne tienne pas une promesse, mais le Sagittaire étant mi-homme, mi-cheval, ce centaure, parti depuis trop longtemps pour un autre lieu de chasse, a oublié sa promesse... et vlan! le Scorpion lui envoie quelques dards, au début légèrement empoisonnés, et de plus en plus par la suite.

Relation difficile entre un signe fixe, qui n'a qu'une idée en tête et un signe double de feu qui en a plusieurs, et toutes aussi grosses les unes que les autres... Le Sagittaire est un explorateur, qui se fie à sa chance, et il a raison car elle vient, et quand elle le quitte ce n'est jamais pour longtemps. Le Scorpion, en général, broie du noir et veut une certitude, alors que la certitude n'est pas de ce monde. Le Sagittaire l'a compris, lui; le Scorpion doit l'apprendre. Et c'est dans un accord mutuel pour l'aventure qu'ils peuvent se rencontrer.

Le Sagittaire apprendra l'élémentaire prudence et le Scorpion apprendra à prendre des risques et à avoir confiance en sa bonne étoile. Le Scorpion démontrera au Sagittaire ce qu'est la réalité de la vie et le Sagittaire apprendra au Scorpion comment on peut obtenir plus d'elle en y croyant profondément, en s'accrochant à son rêve. Le Sagittaire est un signe magique, il lui suffit de vouloir! Le Scorpion est un être de volonté, il lui suffit d'aller droit au but. Dans une vie quotidienne pleine de routine, ils auront bien du mal à s'entendre.

Le Scorpion, signe fixe, n'est nullement dérangé quand il prend quelques habitudes. Le Sagittaire, au bout de quelque temps, fera n'importe quoi, ou presque, pour qu'aujourd'hui soit totalement différent d'hier... Sur ce sujet ils pourront avoir quelques discussions. Le Scorpion, quand il est amoureux. a tendance à oublier le reste du monde et ses amis, ce qui n'est pas le cas du Sagittaire qui sait fort bien aimer et entretenir en même temps ses relations. Point sur lequel le Scorpion a beaucoup à apprendre. Le Sagittaire, par ailleurs, devra apprendre à vivre des moments d'intimité et de confidences sans témoins! Ce sont deux indépendants, au fond. Le Scorpion n'aime pas dépendre de qui que ce soit et le Sagittaire aime la liberté d'action et ne supporte pas les cadres qui le limitent. Si le Scorpion en arrivait à se sentir dépendant de l'autre, la lutte pourrait commencer, et le Sagittaire ne pourrait supporter qu'on s'appuie trop sur lui: une trop lourde charge ralentit le cheval! Matériellement, le Scorpion assume toutes ses responsabilités. Le Sagittaire aussi, sauf qu'il a une forte tendance à dépasser le budget, autre sujet de conversation qui risque, à certains moments, de virer au vinaigre. Ils devront tout d'abord faire des ententes et se mettre d'accord! En cas de rupture, le Sagittaire pourrait fort bien être le plus blessé des deux.

Le Scorpion est un puissant signe d'eau et le Sagittaire, un signe de feu, et quand l'eau éteint le feu... même quand le feu fait bouillir l'eau trop longtemps, l'eau s'évapore, s'enfuit, ou trop fort, elle retombe sur le feu! Le Scorpion, quand on l'a blessé, a la fâcheuse habitude de laisser sa marque, on ne peut plus l'oublier... Tous deux devront éviter les jeux de mots blessants, le Scorpion devra rentrer son dard et le Sagittaire, cesser de prétendre détenir la vérité à tout moment!

UN SAGITTAIRE ET UN AUTRE SAGITTAIRE

Voilà la paire! Deux signes de feu. Tous les deux symbolisent la chance, quand leurs vibrations s'unissent. Ils se protègent l'un l'autre, se respectent mutuellement et acceptent leur indépendance réciproque. L'un ne va pas reprocher à l'autre son désir de paraître, de faire partie d'un groupe, d'une association, d'entrer en contact avec toutes sortes de gens. Ils approuvent leurs aspirations mutuelles et ils s'encouragent à être efficients. Ils sont bons camarades, honnêtes l'un envers l'autre. La carrière de l'un peut être mouvementée, mais l'autre le comprend, il sait instinctivement que si la chance l'a quitté ça ne sera pas pour longtemps. Ce sont deux signes d'espoir, de foi dans la vie, foi dans le succès. Ils ne seront pas difficiles à se convaincre l'un l'autre de faire leurs valises, de partir à l'aventure, d'aller vivre dans un autre pays s'il le faut. Expérimenter la vie par l'action! Ils n'ont pas peur d'essayer, d'innover. Ils sont le miroir l'un de l'autre, comme pour chacun qui vit avec son double. C'est la plus grande évolution que l'on puisse connaître.

Par respect, ils ne vont pas se reprocher leurs défauts, ni se faire la guerre advenant qu'ils se quittent. Ils acceptent la situation, comprenant le besoin qu'a l'autre de reprendre sa liberté, de vivre de nouvelles expériences seul. Il n'est pas rare non plus, advenant une séparation, qu'ils se retrouvent de nouveau, personne d'autre n'ayant pu vraiment les comprendre, les accepter. Le Sagittaire a une légende d'amour derrière lui, il n'aime qu'une fois dans sa vie et c'est son premier amour. Si on le quitte ou s'il quitte, s'il vit un divorce, qu'il l'ait cherché ou non, il saura fort bien vivre avec une autre personne, cependant la raison aura pris le dessus sur le coeur. Il s'accommodera agréablement du mieux qu'il peut, mais, tout au fond de lui, le souvenir survit et il ne s'y habitue que lentement. Il finit par l'accepter, mais la plaie reste ouverte.

Quand pour les deux Sagittaires ce fut leur premier amour, voyez alors la difficulté qu'ils ont à se quitter! L'attachement est profond. Je connais plusieurs couples de Sagittaires, ils n'en sont pas à leur premier amour, mais ils sont arrivés à s'aimer profondément. Tout en respectant leur douleur passée, ils s'aident à cicatriser leur plaie. C'est le seul moyen à leur disposition pour retrouver le vrai bonheur. La maturité rend le Sagittaire plus présent à autrui. Il a fait le tour de bien des expériences matérielles, artificielles, et il arrive un jour à un tournant de la vie où il aspire à la grande richesse intérieure, à l'approfondissement des sentiments. Il est alors prêt à rendre l'autre plus heureux que lui.

Quoi de plus merveilleux que deux Sagittaires qui compétitionnent à se faire plaisir plus que l'autre ne l'a fait. Je pense à Myriam qui vit depuis plusieurs années cette relation Sagittaire-Sagittaire. Je souris quand elle me raconte ce qu'elle a fait pour lui, pour le surprendre, le faire sourire, et je suis ravie quand elle me dit qu'il a fait ceci et cela pour elle, qu'il l'a épatée, qu'il est si merveilleux, si étonnant! J'ai connu Myriam quand elle vivait de souvenirs et je la connais maintenant si différente, si confiante dans la vie, et j'en suis heureuse pour elle. Aujourd'hui, elle peut déplacer des montagnes et elle est capable de dire à n'importe qui qu'il faut croire à l'amour, que ça existe, qu'elle le vit! Elle est le plus parfait exemple antidésespoir amoureux que je connaisse, je vous donnerais volontiers son numéro de téléphone pour qu'elle puisse vous encourager et soutenir votre foi, elle en a pour tout un peuple. Mais je crains qu'elle n'apprécie pas qu'on dérange trop souvent son bonheur. Elle est généreuse, vous pouvez en être certain, mais de là à ambitionner! Elle travaille, elle crée et elle est magique! On me dit parfois: «Ah! deux signes identiques!» Je réponds: «Ah! comme c'est merveilleux quand ça se passe entre deux Sagittaires qui sont arrivés à l'âge de la sagesse et de la tolérance!»

UN SAGITTAIRE ET UN CAPRICORNE

Je n'en ai pas rencontré beaucoup qui étaient vraiment très heureux, bien qu'ils se côtoient sur la roue du zodiaque. Ils sont si différents l'un de l'autre. Le Sagittaire est un signe de feu et le Capricorne, un signe de terre! Le Sagittaire s'emballe et le Capricorne dit une minute, il faut y réfléchir. Le Sagittaire étant le douzième signe du Capricorne, parce qu'il le précède immédiatement, est le plus souvent une source d'épreuve pour ce dernier. Il aime les départs, l'exploration, il raffole de l'incertitude. En fait l'incertitude, l'aventure, ça fait partie de lui, il traduirait cela par de l'audace, il vous dirait que qui ne risque rien n'a rien.

Le Capricorne répondrait alors qu'en risquant tout on peut tout perdre. Le Sagittaire n'entretient pas en lui les moments difficiles, il va de l'avant, alors que le Capricorne se souvient et il a peur de remettre les pieds là où c'est risqué. Le Sagittaire sait, au plus profond de lui-même, qu'en insistant il gagnera. Le Capricorne en doute. Le premier gagne la partie, sa foi a eu raison. L'autre croit, lui, qu'il faut être patient et que tout vient à point à qui sait attendre. Le Sagittaire n'a pas la patience infuse. Le Capricorne l'a de naissance, seule l'exception fait la règle.

Le Capricorne est un signe cardinal, il donne des ordres, et malheureusement pour lui, le Sagittaire ne les entend pas, ne veut pas les entendre; il n'écoute pas non plus les conseils qu'on lui donne, surtout s'il soupçonne qu'on veut lui faire la morale. Le Sagittaire, en tant que signe double, est le premier à donner le signal de la rupture. Le Capricorne mettra beaucoup de temps à s'en remettre, il s'accroche souvent au passé, à la règle de conduite qu'il s'était fixée.

Signe de terre, il avait pris racine, et très profondément, tout au creux de la montagne, quand il avait décidé de s'unir. Le Sagittaire commence par brûler les arbres, puis la terre devient sèche et finit par ne plus produire. Il arrive donc qu'un Sagittaire détruise l'idéal du Capricorne, au point que celui-ci ne fait plus du tout ce qu'il pensait qu'il devait faire au départ. Seul le temps, puisque le Capricorne en est le symbole, lui fera reprendre confiance en ses propres forces. Quelques couples survivent au désastre, mais ce n'est pas sans beaucoup de compromis. Il faut aussi que le Sagittaire soit assez sage pour respecter la lenteur du Capricorne et que celui-ci s'ouvre rapidement à l'aventure pour comprendre ce besoin chez le Sagittaire.

Le Sagittaire, en tant que signe double, «subit» plus facilement une attraction en dehors des liens du mariage! Ce n'est jamais de sa faute... on a tout fait pour le séduire, dira-t-il. Généralement, il ne s'est pas rendu compte qu'il a tout fait pour que ça arrive! Le Capricorne l'avait pressenti mais, plutôt que d'en parler, il a fait mine de tout ignorer plutôt que d'entendre la vérité! Voilà que le divorce surgit. Le dialogue n'a pas eu lieu et le Sagittaire ne peut s'empêcher de lui raconter son infidélité. Il l'avait deviné, de toute façon.

Le Capricorne est toujours plus perceptif qu'il n'en a l'air, à moins de bien mauvais aspects dans sa carte natale. Ils ne réussissent à être heureux, le plus souvent, que lorsqu'ils partagent une entreprise commune. Le Sagittaire a l'idée et le Capricorne la met en place et l'exploite. Le Sagittaire fait progresser et le Capricorne entretient la progression. S'ils font un travail trop différent, ils auront du mal à se comprendre, à trouver même un sujet de conversation, si ce n'est leurs enfants auxquels ils tiennent profondément quand ils en ont. Ils font partie de leur vie, mais ça ne suffit pas pour entretenir toute une vie dans l'amour. Ce couple n'est jamais simple, et leur conception de la terre promise est bien différente pour l'un et pour l'autre! Il faudra qu'ils s'en parlent au départ s'ils ont décidé de vivre ensemble toute une vie!

 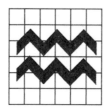

UN SAGITTAIRE ET UN VERSEAU

Ils s'acceptent très bien l'un et l'autre au départ, ils ont un idéal semblable, soit toucher l'humanité! Le Verseau, symbole uranien tout fait de surprises, a de quoi s'occuper avec le Sagittaire qui tourne à gauche sans avertir, et à droite quand il est supposé aller droit devant lui. Ni l'un ni l'autre ne sont des rancuniers. Ils peuvent se dire les pires bêtises, et deux minutes plus tard tout est oublié. Le Sagittaire est parti prendre l'air, faire du sport, et le Verseau est retourné à son occupation intellectuelle. Sexuellement, ils trouvent une entente immédiate. Ils restent libres, même en amour! Le Verseau trompe l'autre sans se rendre compte qu'il le fait. Le Sagittaire trompe parce qu'il n'a pu résister à l'appel. Ils ne s'en voudront pas longtemps au moment du jeu de la vérité!

Ils sont également capables de se quitter sans dramatiser: le Sagittaire a la faculté de trouver la sympathie chez autrui et de se consoler rapidement, le Verseau n'a pas, lui, la mémoire du passé, sinon quelques bribes qu'il lui arrive même de transformer au gré de son imagination pour que ce soit plus facile à supporter. Généralement, la relation commence par de l'amitié et peut rester ainsi longtemps. Puis, le temps les liant davantage, se découvrant mutuellement des qualités, ils se retrouvent amoureux, amants, et se disent qu'ils sont très bien ensemble. Le Verseau, un signe fixe et autoritaire, pourra toujours essayer de dominer ce signe double qu'est le Sagittaire. Ce dernier n'y voit que du feu et sait fort bien faire rire le Verseau en lui mettant sous le nez son attitude qui se tient bien loin de l'humanisme quand il devient possessif. Bien que le Sagittaire soit un être fier, il accepte de perdre quelques parties et est toujours prêt à recommencer. Le Verseau a quelques leçons à apprendre là-dessus, il est plus mauvais perdant. Il peut toujours vous dire le contraire, mais au fond il n'y croit pas, aucun des signes fixes ne peut accepter de bon coeur d'être perdant, ni le Taureau, ni le Lion, ni le Scorpion.

Avec le Verseau, le Sagittaire apprendra que l'éparpillement de ses forces et de ses talents joue contre lui et qu'il aurait intérêt à avoir plus de discipline. Ils peuvent faire un excellent duo, ils peuvent s'aimer longtemps après avoir été amis, pourvu que chacun respecte la liberté de l'autre et que, de temps en temps, ils s'accordent de vivre une exploration quelque part dans le monde d'où ils rapporteront des faits originaux, des événements particuliers, des souvenirs qui n'appartiennent qu'à eux et dont ils pourront se parler souvent et en rire.

UN SAGITTAIRE ET UN POISSONS

On dit souvent qu'ils ne se conviennent pas, qu'ils ne vont pas ensemble. Étrangement, depuis le début de mes observations, soit dix-huit ans au moment où ce livre sera sous presse, j'ai vu de multiples associations de ce genre être heureuses. En fait, ils sont si différents qu'ils ont continuellement à s'apprendre, ils s'observent et c'est toujours l'énigme. Le Sagittaire est étonné des résultats du Poissons qui arrive à ses fins en zigzaguant, et le Poissons est surpris de voir que l'autre a réussi là où on fait la ligne depuis longtemps pour obtenir soit un poste, soit une faveur ou quelque chose d'autre. Il s'agit ici d'une association de deux signes doubles. Le Sagittaire est un signe de feu et le Poissons, un signe d'eau. Comme vous le savez, l'eau éteint le feu, mais la flamme du Sagittaire est si élevée qu'avant que le Poissons, symbole de l'océan, ne puisse s'élever au ciel pour aller éteindre la flamme, il faudra beaucoup de temps, le temps finalement de se connaître, de reconnaître qu'ils sont différents et que c'est respectable d'avoir des aspirations différentes, que la méthode de l'un vaut bien celle de l'autre. Un danger réside, c'est qu'ils soient si peu souvent ensemble.

Deux signes doubles ont besoin d'espace, de distance pour mieux voir l'horizon, et arrive un jour où ils se reconnaissent à peine. Le Poissons est plus émotif et plus sensible que le Sagittaire, et celui-ci ne lésine pas quand il a des vérités à dire à quelqu'un, et si le Sagittaire s'emporte contre le Poissons, ce dernier en sera si blessé qu'il ne pourra répondre et préférera s'évader dans ses rêves plutôt que de vivre une dispute. Le Sagittaire sera encore plus fâché et, pour soutenir son argument, il fera sa valise...

Le Poissons aura tranquillement, douloureusement sans doute, emprunté un autre courant qui le conduira dans une mer plus chaude, moins mouvementée, plus calme. Pour qu'ils puissent vivre ensemble, le Sagittaire devra ménager la sensibilité du Poissons et ne pas lui mettre sur le dos des responsabilités qu'il ne peut prendre. Le Poissons ne devra pas se laisser impressionner par les emportements du Sagittaire et le laisser aller, même quand il pressent que ce dernier commet une bêtise. Il doit éviter également de lui faire la morale. Le Sagittaire n'apprend que par ses expériences. Le Poissons pourrait trouver le Sagittaire superficiel dans ses désirs de paraître parce que, pour lui, être suffit. Il devra donc faire l'effort de comprendre que le paraître du Sagittaire fait partie de son être.

Le Sagittaire ne devra pas, en revanche, se montrer impatient devant le refus du Poissons de s'avancer pour paraître, il n'a que rarement ce besoin. Rien n'est impossible et j'ai été témoin de belles vies de couples entre des natifs de ces deux signes. Le Poissons fait ce qu'il a à faire et admire le Sagittaire pour son audace, sa ténacité et ses moments de passion. Le Sagittaire peut sentir qu'il est profondément aimé par le Poissons et que celui-ci lui fait confiance. Ils devront faire l'effort de ne pas se tromper, car ils ont du mal à résister à l'occasion qui se présente devant eux...

Ses relations avec les autres signes

  **UN CAPRICORNE
ET UN BÉLIER**

C'est un véritable mystère de la nature! Comment ont-ils fait pour se rencontrer? Ils sont si différents! Le Bélier, signe de feu, chaleur intense, le Capricorne, signe de Saturne, froid concentré. Après tout, le feu ne fait-il pas fondre la glace! Danger! La glace fond, fait de l'eau et éteint le Bélier. Le Capricorne, signe de terre. Jetez de la terre sur le feu, le résultat est le même au bout du compte. Rien n'est impossible si le Bélier est prêt à écouter la morale du Capricorne, à respecter sa prudence et sa lenteur, et si le Capricorne est prêt à tolérer les humeurs inconstantes et les sursauts d'énergie du Bélier. Rien n'est impossible si le Capricorne se fait tolérant au maximum et si le Bélier veut bien céder du terrain de temps à autre.

Le dialogue ne sera pas facile: le Capricorne dit un jour... le Bélier dit tout de suite... Mais ils finissent par se retrouver. Le

Bélier, demeurant toujours jeune et plein d'espoir pour l'avenir, rencontre le Capricorne quand celui-ci se met à rajeunir en vieillissant. Ils peuvent alors faire la paire.

UN CAPRICORNE ET UN TAUREAU

Une union durable la plupart du temps, l'exception fait la règle naturellement. Le Capricorne est un signe d'hiver, la terre est gelée. Le Taureau est un signe de printemps, une promesse de renaissance. Le premier est prudent, peureux, parfois même angoissé. L'autre, en face de lui, se risque, il sourit, il croit que la vie renaît. Leurs vibrations s'unissent à l'amour plus facilement. Il s'agit ici de deux signes de terre, de deux personnes qui aiment la stabilité. Le Capricorne est un vieux sage qui rajeunit en vieillissant, alors que le Taureau vieillit en devenant sage. Ensemble, ils pourront éloigner toutes leurs peurs, se rassurer sur leurs forces, réaliser une entreprise solide. Rien n'est totalement parfait au début de la formation de ce couple: le Capricorne craint de voir s'éloigner le Taureau, il le trouve léger, plus sociable et plus audacieux qu'il ne l'est lui-même, il aimera sa fantaisie, Vénus l'anime et le séduit.

Le Taureau s'en éprendra et s'y attachera. Signe fixe, il s'installe, et voilà que c'est maintenant au tour du Taureau d'avoir peur que le Capricorne ne s'échappe parce qu'il a aussi appris à vivre au rythme de l'éclosion du printemps. Ces deux signes de terre, s'imprègnent si bien l'un l'autre qu'ils peuvent en arriver à se demander, à certains moments, lequel est l'hiver et lequel est le printemps. Si leurs terres, l'une trop sèche et l'autre glacée, n'arrivaient pas à s'humecter, elles pourraient alors se tendre au point de se fendre! Un danger guette ces deux signes de terre: les habitudes. Ils sont si bien ensemble que, sans s'en rendre compte, ils peuvent se couper de leurs amis, se priver des loisirs différents qu'ils aimaient juste pour ne pas manquer l'un à l'autre. Et puis plus rien n'est commun entre eux. Ils n'ont plus rien à se raconter... ils s'ennuient! Leur tranquillité est devenue un pacte, une constitution, une loi. Tout ce qui pourrait menacer leur union est éloigné. Le Taureau, symbole vénusien, sera le premier à réagir. Le printemps grouille, et la montagne tremble!

UN CAPRICORNE ET UN GÉMEAUX

Un signe d'air et un signe de terre. Le premier a les idées et l'autre prend les moyens pour les faire passer ce qui peut, de temps à autre, énerver le Gémeaux qui est tout de même plus pressé que le Capricorne. Le Gémeaux représente l'adolescent et le Capricorne est celui qui rajeunit en vieillissant. Ils pourraient bien passer 20 ans ensemble à se demander comment il se fait qu'ils soient encore ensemble! Puis, tout à coup, pendant ce temps le Gémeaux acquiert sa maturité et le Capricorne, qui avait tout pris au sérieux, commence sa phase de rajeunissement et les voilà maintenant au même rythme! La plupart des livres d'astrologie indiquent que ce genre d'union ne peut durer... rien n'est vraiment facile, mais rien n'est impossible.

Le Gémeaux a un grand besoin de se sentir protégé; le Capricorne, symbole du père, se sent bien dans un rôle de protecteur. Là-dessus ils peuvent être d'accord. Le Capricorne voit donc à ce que son Gémeaux soit à l'aise, il le met en garde contre ses impulsions. Il lui apprend la patience, le sens de la continuité et il lui apporte appui et encouragement dans ses choix de vie. Le Gémeaux, dans toute la splendeur de son adolescence, égaie le Capricorne, lui fournit des occasions de vivre selon le moment présent sans trop se soucier du lendemain. Ils pourraient bien aussi ne pas se comprendre du tout. Le Capricorne peut trouver le Gémeaux trop frivole, car ce dernier en donne souvent l'impression! Le Gémeaux peut, de son côté, trouver le Capricorne trop replié, trop silencieux, et il s'imagine qu'on le boude ou qu'il n'est pas intéressant, ce qu'il supporte mal parce qu'il a un grand besoin de communiquer par la parole.

Le Capricorne, dans son signe de terre, ne ressent pas ce besoin de dire au fur et à mesure ce qu'il vit, ce qu'il voit. Il se préserve, il est prudent, il se méfie aussi de l'interprétation qu'on pourrait donner à ses paroles. Signe cardinal, il donne des ordres, il s'attribue un rôle de chef. Le Gémeaux, signe mutable ou double, n'a que faire des ordres qu'on pourrait lui donner, il n'a pas écouté ou il a oublié... Résultat: le Capricorne se fâche, la montagne tremble et l'oiseau Gémeaux s'est envolé vers un autre sommet... S'ils veulent vivre ensemble, le Gémeaux devra respecter et comprendre les silences du Capricorne, il devra parfois faire un effort pour le deviner afin de maintenir l'harmonie. Le Capricorne devra respecter la fantaisie du Gémeaux et se laisser entraîner par son jeu en y participant.

UN CAPRICORNE ET UN CANCER

Ils s'opposent sur la roue du zodiaque, ils sont totalement différents, mais ils se complètent en même temps. Le Capricorne aimerait vivre d'imagination, s'y laisser aller, y plonger, s'attendrir sur lui-même, penser à son bien-être, se voir petit, même étroit, plutôt qu'en relation avec une foule de gens. Il aimerait voir le monde de près, mais il a tant de mal à se rapprocher. Il est sur sa montagne et s'y sent seul. Cela fait partie de sa vie. On l'a délégué pour veiller au bien-être, au confort et à la sécurité de tous et de chacun, alors que le Cancer vit dans un monde plus limité, celui de son entourage proche avec lequel il communique si bien. Il lui arrive d'aller faire un tour dans le grand monde, mais cela ne le rassure pas. Il voit les embûches et il n'a réellement pas envie de se battre. Il préfère retraiter et laisser à d'autres le combat. C'est pour le Capricorne, pas pour lui. Le Cancer aime parler de ses états d'âme, plonger au coeur même de sa propre sensibilité; le Capricorne, lui, ne peut pas, il s'intéresse surtout à ce que les autres vivent, il a dépassé le stade de l'égocentrisme. En réalité, bien qu'il ait toujours l'air d'être sur ses gardes, il ne se protège pas tant que ça, il ne se replie pas tant que ça sur lui-même. Il sait ce qu'il est, les longues explications n'ont plus d'importance. Il a acquis la patience et la tolérance, l'exception fait la règle, et honte à celui qui ne vit pas sa nature profonde!

De plus il est malheureux. Le Cancer est un signe d'eau et le Capricorne, un signe de terre glacée! S'il n'y a pas assez d'eau, et de plus elle doit être chaude, le Capricorne n'arrivera pas à se pencher vers le Cancer. Sa nature «montagneuse» est rigide. Le signe d'eau du Cancer est hypersensible et se froisse si facilement que le Capricorne, qui a la manie de dire les choses telles qu'elles sont, sans déguiser la réalité, pourrait anéantir les rêves du Cancer qui ne s'y retrouverait plus s'il ne pouvait laisser libre cours à son imagination et à sa fantaisie.

Bien qu'on traite souvent le Capricorne de pantouflard, il n'en est rien; il voit à ses affaires dans le calme et la continuité, et avec un certain détachement, au point qu'on pourrait parfois le croire complètement en dehors de ce qu'il fait. Le Cancer ne peut rien faire sans arroser le tout d'émotions, peu importent la question, le sujet ou l'action à accomplir. Le Cancer pourrait penser que le Capricorne est insensible et le Capricorne, être persuadé que le Cancer l'est trop. Ils n'agissent tout simplement pas au même rythme. La sensibilité du Capricorne ne s'éveille que sous l'effet de la confiance qu'on lui manifeste. Il se méfie des fausses déclarations. De là haut, sur sa montagne, il en a vu d'autres!

Le Cancer voudrait qu'on lui prouve immédiatement l'attachement qu'on lui porte. Il est en fait comme un enfant qui a peur dans le noir, comparativement au Capricorne. Le danger est que le Cancer devienne dépendant du Capricorne qui, lui, sait qu'il y a des obstacles qu'il faut franchir pour devenir sage, et qui ne s'appuie sur personne pour les vaincre. Le Cancer a du mal à percevoir qu'il peut faire route seul. Il s'appuie sur la force du Capricorne mais, après quelques années, le fardeau sur les épaules de ce dernier commence à peser, le Cancer s'y est confortablement installé! Il s'agit ici de deux signes cardinaux.

Le Cancer donne des ordres avec délicatesse, ce sont tout de même des ordres, on met juste un peu plus de temps à s'en apercevoir, et le Capricorne commande carrément, selon ses désirs. Voilà un autre point où ils peuvent s'affronter ou se sentir confus. Quand tout le monde donne des ordres, où est le chef? Ou alors nous assistons au «combat des chefs». Mais il arrive que ce couple puisse s'harmoniser: le Capricorne fait un bout de chemin en direction de la plage et le Cancer quitte le sable chaud pour vivre une mutation où il peut découvrir que ses pinces s'accrochent très bien au flanc des montagnes!

Le Capricorne se fera plus tendre pour faire plaisir au Cancer et ménagera ses discours moraux que le susceptible Cancer peut prendre comme une attaque. Le Cancer, de son côté, s'efforcera de voir le monde au-delà de son environnement, de sa famille et de ses propriétés. Les deux sont économes: le Cancer pour posséder et assurer sa petite sécurité et le Capricorne pour investir afin de posséder davantage au bout du compte. L'échelle des valeurs du Capricorne est plus grande que celle du Cancer. Il ne faut pas oublier que ce qui intéresse un Capricorne c'est le sommet, et ce qui intéresse un Cancer c'est le confort d'une plage chaude en été.

Le Capricorne a généralement un plus grand sens de la justice que le Cancer, parce que celui-ci voit plutôt la justice du point de vue de sa protection personnelle. Aussi il est possible que le Cancer reproche au Capricorne de s'occuper de trop de monde alors que, lui, il a tant besoin d'attentions! Le Cancer se rend à peine compte qu'il demande beaucoup... beaucoup... Le Capricorne réalise à peine que certaines personnes ont besoin de plus que lui ne demande...

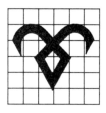 

UN CAPRICORNE ET UN LION

Quoi qu'on en dise, ils vont bien ensemble. Quand ils sont ensemble, le Lion acquiert de la sagesse et de la prudence et le Capricorne se réchauffe et se fait plus léger, moins angoissé et plus audacieux. Le Lion aime l'or, l'argent et la puissance; le Capricorne possède l'énergie et le souffle pour grimper les montagnes et réussir à atteindre le trésor pour ensuite le rapporter au Lion qui, lui, saura fort bien comment le mettre en valeur!

Le Lion symbolise le Soleil, et le Capricorne, Saturne, planète d'hiver et de froid. Le Soleil donc peut réussir à réchauffer le saturnien et à faire fondre la glace de ses montagnes. Le Lion, souvent pressé d'atteindre ses buts, manque de prudence de temps à autre. Sans cesse passionné, son plaisir de vivre dépasse le devoir. Le Capricorne, tout au contraire, fait passer le devoir avant tout et il apprend au Lion la patience, le pas à pas et, petit à petit, le Lion apprend au Capricorne à vivre un peu plus selon ses sentiments et les émotions du moment présent.

Le Capricorne est un signe cardinal, de chef, il donne des ordres, souvent même sans s'en rendre compte. Le Lion, lui, n'en prend pas! Ici nous avons un point sur lequel il peut y avoir mésentente. Par rapport au Capricorne, le Lion est susceptible, alors que le Capricorne a tendance à dire les choses telles qu'elles se présentent, avec le plus grand réalisme. Le Lion le trouve si pratique et si peu fantaisiste! Au début, le Lion sera ravi de voir quelqu'un de solide et de déterminé, puis il commencera à trouver qu'il y manque ce quelque chose d'imprévu qui rend la vie pétillante, attrayante! Le Capricorne est un être qui s'attache lentement mais sûrement.

Le Lion, de son côté, est un être passionné et qui le reste pour autant qu'on lui démontre qu'il est important et qu'on lui manifeste des attentions et surtout s'il sent et s'il sait qu'il a l'exclusivité. Quand le Capricorne sera persuadé que le Lion en question est parfaitement honnête envers lui et que sa passion n'est pas une simulation — il se méfie toujours des grands éclats — alors il donnera au Lion sa protection et sa profonde affection.

UN CAPRICORNE ET UNE VIERGE

Deux signes de terre, le Capricorne donne des ordres et la Vierge est de service. Pratiques, ils peuvent bâtir ensemble une entreprise à succès et assurer royalement leurs vieux jours. Deux signes de terre ça fait tout de même un peu sec... pas d'eau. Les émotions sont enterrées sous le champ fauché de la Vierge ou glacées sur le sommet de la montagne du Capricorne! Ils peuvent finir par trouver la vie ennuyeuse, monotone de jour en jour. Le compte en banque monte toujours, on a fait plusieurs acquisitions, mais on a oublié de s'amuser. On fait des visites obligatoires pour entretenir certaines relations, ça peut toujours être utile! Leur monde a tendance à se rétrécir: la famille et eux, les enfants et eux, et quand les enfants quittent le foyer, les voilà seuls l'un en face de l'autre. Il faudra alors qu'ils s'inventent un nouveau travail commun, se fixent un nouvel objectif concret.

Finalement, la vie coule facilement entre eux, ils sont trop raisonnables et trop sages pour s'affronter, puis il est inutile de dire à l'autre ce qu'on n'aime pas de lui, ça n'y changerait rien, et chacun pense de cette façon et chacun de son côté. La vie continue et on s'ennuie de plus en plus. Le couple peut durer toute une vie: ils se rendront des services, seront présents l'un à l'autre, auront des attentions physiques matérielles, éviteront le plus possible de dire tout haut leur fantaisie, leurs besoins intérieurs car ils ne voudraient pas passer l'un en face de l'autre pour des personnes capricieuses ou déraisonnables! Fort heureuse-

182

ment, en vieillissant, le Capricorne commence à rajeunir et à exprimer plus librement sa pensée, ce que la Vierge appréciera. Enfin, un autre genre de communication! Et voilà que, sur le tard de leur union, commence le plaisir! Ils se donnent le droit d'être fantaisistes, de faire des choses pas comme les autres, de voyager, de dépenser. Ils ont bien assez amassé, il est alors temps de se faire plaisir et ça leur va très bien! Ils pourront se dire qu'il leur a fallu toute une vie pour être parfaitement à l'aise dans leur peau! Quand le Capricorne rajeunit et que la Vierge se décontracte, rien ne peut plus les arrêter, c'est la fête continue et leur anniversaire tous les jours. Ils feront certainement causer le voisinage. Que leur importe, ils s'aiment et ils ont bien le droit de s'aimer différemment des autres...

UN CAPRICORNE ET UNE BALANCE

Au début, ça va toujours, c'est comme ça pour à peu près tout le monde! Le temps est leur ennemi, il risque de leur créer des problèmes! Tant que dure la fréquentation, on n'a pas encore vu tous les petits défauts de l'un et de l'autre, mais voilà que le temps fait ses ravages. Ce sont deux signes cardinaux, donc de chef, de commandement. Chacun décide de tout, à sa façon!

La Balance donne des ordres avec le sourire et le Capricorne, avec un grand sérieux! La Balance peut se sentir souvent blessée par l'attitude réservée du Capricorne, croire qu'elle ne fait pas assez et que c'est pour ça que le Capricorne est distant. Elle déploie alors tout son zèle et toute son énergie à faire plaisir au Capricorne. Comme celui-ci est sérieux, il prendra pour de la fantaisie et du caprice les attentions et les douceurs de l'autre et croira même qu'elle veut le manipuler! Ils n'ont pas tout à fait le même langage. Il est difficile de maintenir cette union d'une

183

manière heureuse. Le Capricorne est un signe de terre, donc il s'attache et reste longtemps à la même place, avec la même personne. Il prend racine.

La Balance est le symbole du couple; aussi, quand elle se marie, elle désire le rester et tout faire pour maintenir l'union et elle trouvera toutes sortes d'excuses, même si ça va mal, pour préserver le couple. Il arrive que la Balance passe pour une personne superficielle aux yeux du Capricorne. Elle cherche dans le quotidien à tout harmoniser et le Capricorne peut prendre cela pour de la légèreté ou du romantisme. Lui, de son côté, s'occupe d'assurer l'avenir et tient très peu compte des agréments de chaque jour qui rendent la vie plus agréable. Il faudra à chacun une bonne dose de tolérance et d'acceptation de leurs différences s'ils veulent vivre ensemble toute une vie. Ils devront ouvrir le dialogue chacun à son tour.

La Balance aura tendance à prendre les devants et à orienter la conversation dans le sens où elle l'entend. Elle devra cependant éviter le piège: le Capricorne se retirerait alors plus profondément dans un monologue intérieur et finirait par ne plus porter attention aux paroles de la Balance. Le Capricorne devra accepter de sortir plus souvent et de prendre plaisir aux fantaisies de la Balance, à son goût d'être parmi les gens. En faisant un effort de participation, il y prendra goût!

UN CAPRICORNE ET UN SCORPION

Tous deux s'attirent immanquablement, surtout quand l'un et l'autre possèdent un gros bagage d'expérience de la vie. Ils seront prudents et polis l'un envers l'autre et l'un pour l'autre. Le Capricorne est un être prévoyant et le Scorpion a besoin d'être rassuré. Le Capricorne est un signe de terre et le Scorpion, un signe d'eau. La terre peut donc être fertilisée, ce qui lui permettra alors de s'épanouir, et s'épanouir, pour un Capricorne, c'est souvent accepter de s'émouvoir, ne plus jouer les invincibles. Le Scorpion connaît par coeur le manuel de l'angoisse, de la peur; il ressent le Capricorne qui, dans sa jeunesse, s'inquiète pour une foule de choses. D'un autre côté, quand ils sont jeunes ils ont un peu de mal à se comprendre, l'indépendance du Scorpion choquant le Capricorne qui aime protéger.

Le Scorpion cache ses profondes émotions sous le masque de Pluton. Le Capricorne essaie de deviner, mais l'autre préférera garder le mystère. C'est à l'âge de la maturité qu'ils peuvent enfin traiter d'égal à égal. Ces deux signes n'ont que rarement la vie facile. Les épreuves de force sont nombreuses et chacun y fait face à sa façon. En vieillissant ils pourront partager les trucs qu'ils ont utilisés pour se sortir de telle ou telle autre situation. Le Scorpion n'est pas amateur des conseils d'autrui et le Capricorne aime bien en donner afin d'assurer à l'autre sa protection.

Le Capricorne est un signe cardinal, donc de commandement, et le Scorpion un signe fixe qui ne prend pas d'ordre. Voilà un territoire sur lequel ils devront se surveiller. Le Scorpion quand on enfreint sa liberté d'action devient fort susceptible et même pointilleux et il contre-attaque directement sur les points vulnérables du Capricorne qu'il devine aisément. Le Scorpion étant un signe d'eau, il symbolise qu'il peut s'infiltrer partout et se sentir particulièrement à l'aise dans la terre du Capricorne qui, en fait, représente un défi: il n'est pas facile de faire fleurir une montagne! Pour qu'ils puissent vivre heureux ensemble, ils devront éviter de s'ancrer dans trop d'habitudes, la routine les éteint l'un et l'autre, les sépare même. Le Scorpion provoquerait alors un tremblement de terre, et quand l'eau et la terre ne s'harmonisent plus, ça fait de la boue! Ils sortiraient profondément blessés s'ils s'engageaient dans un combat.

Bien que le Capricorne soit sage, il a son orgueil bien en place. Et quand un Scorpion claque la porte, il a tellement mal qu'il n'arrive plus à la rouvrir, il craint de revivre la même angoisse. Pour qu'ils puissent continuer leur route ensemble, ils devront avoir un intérêt commun, soit un sport, soit une étude sur un sujet précis. L'intellect et le partage des tâches doivent être d'égal à égal. Ce sont deux signes forts qui ne doivent nullement rivaliser sinon ils vont à leur perte. Qu'ils unissent leurs forces et ils formeront un duo qui les mènera tout droit sur la route de la sagesse, à la découverte des grands mystères de ce monde.

UN CAPRICORNE ET UN SAGITTAIRE

Je n'en ai pas rencontré beaucoup qui étaient vraiment très heureux, bien qu'ils se côtoient sur la roue du zodiaque. Ils sont si différents l'un de l'autre. Le Sagittaire est un signe de feu et le Capricorne, un signe de terre! Le Sagittaire s'emballe et le Capricorne dit une minute, il faut y réfléchir. Le Sagittaire étant le douzième signe du Capricorne, parce qu'il le précède immédiatement, est le plus souvent une source d'épreuve pour ce dernier. Il aime les départs, l'exploration, il raffole de l'incertitude. En fait, l'incertitude, l'aventure, ça fait partie de lui, il traduirait cela par de l'audace, il vous dirait que qui ne risque rien n'a rien. Le Capricorne répondrait alors qu'en risquant tout on peut tout perdre.

Le Sagittaire n'entretient pas en lui les moments difficiles, il va de l'avant, alors que le Capricorne se souvient et il a peur de remettre les pieds là où c'est risqué. Le Sagittaire sait, au plus profond de lui-même, qu'en insistant il gagnera. Le Capricorne en doute. Le premier gagne la partie, sa foi a eu raison. L'autre croit, lui, qu'il faut être patient et que tout vient à point à qui sait attendre. Le Sagittaire n'a pas la patience infuse. Le Capricorne l'a de naissance, seule l'exception fait la règle.

Le Capricorne est un signe cardinal, il donne des ordres et, malheureusement pour lui, le Sagittaire ne les entend pas, ne veut pas les entendre; il n'écoute pas non plus les conseils qu'on lui donne, surtout s'il soupçonne qu'on veut lui faire la morale. Le Sagittaire, en tant que signe double, est le premier à donner le signal de la rupture. Le Capricorne mettra beaucoup de temps à s'en remettre, il s'accroche souvent au passé, à la règle de conduite qu'il s'était fixée. Signe de terre, il avait pris racine, et très profondément, tout au creux de la montagne, quand il avait décidé de s'unir. Le Sagittaire commence par brûler les arbres, puis la terre devient sèche et finit par ne plus produire. Il arrive donc qu'un Sagittaire détruise l'idéal du Capricorne, au point que celui-ci ne fait plus du tout ce qu'il pensait qu'il devait faire au départ. Seul le temps, puisque le Capricorne en est le symbole, lui fera reprendre confiance en ses propres forces.

Quelques couples survivent au désastre, mais ce n'est pas sans beaucoup de compromis. Il faut aussi que le Sagittaire soit assez sage pour respecter la lenteur du Capricorne, et que celui-ci s'ouvre rapidement à l'aventure pour comprendre ce besoin chez le Sagittaire. Le Sagittaire, en tant que signe double, «subit» plus facilement une attraction en dehors des liens du mariage! Ce n'est jamais de sa faute... on a tout fait pour le séduire, dira-t-il. Généralement, il ne s'est pas rendu compte qu'il a tout fait pour que ça arrive! Le Capricorne l'avait pressenti mais, plutôt que d'en parler, il a fait mine de tout ignorer plutôt que d'entendre la vérité! Voilà que le divorce surgit. Le dialogue n'a pas eu lieu et le Sagittaire ne peut s'empêcher de lui raconter son infidélité. Il l'avait deviné, de toute façon.

Le Capricorne est toujours plus perceptif qu'il n'en a l'air, à moins de bien mauvais aspects dans sa carte natale. Ils ne réussissent à être heureux, le plus souvent, que lorsqu'ils partagent une entreprise commune. Le Sagittaire a l'idée et le Capricorne la met en place et l'exploite. Le Sagittaire fait progresser et le Capricorne entretient la progression. S'ils font un travail trop différent, ils auront du mal à se comprendre, à trouver même un sujet de conversation, si ce n'est leurs enfants auxquels ils tiennent profondément quand ils en ont. Il font partie de leur vie, mais ça ne suffit pas pour entretenir toute une vie dans l'amour. Ce couple n'est jamais simple, et leur conception de la terre promise est bien différente pour l'un et pour l'autre! Il faudra qu'ils s'en parlent au départ s'ils ont décidé de vivre ensemble toute une vie!

UN CAPRICORNE ET UN AUTRE CAPRICORNE

Nous voici en face de deux signes de terre. Tous deux représentent le froid, deux signes cardinaux, donc de chef. Quand il n'y a que des chefs, ça devient anarchique. Ils peuvent se battre pour le pouvoir. Qui a plus raison que l'autre? Ces deux-là pensent à l'avenir, à la sécurité, au confort. Ensemble, ils ne manqueront de rien et ils auront tout pour leur assurer l'existence. Ils se comprennent sans vraiment se parler, ils se devinent ou prétendent se deviner. Le Capricorne étant un signe féminin, cela fait de l'homme de ce signe un être très sensible, beaucoup plus qu'il ne le paraît. Aussi est-il la plupart du temps moins sûr de lui que la femme du même signe.

Plus émotif, il se fait prendre plus facilement par le chantage et le sentiment de culpabilité qui est si puissant sous ce signe. Madame Capricorne étant dans un signe féminin fournit alors moins d'effort pour plaire, elle est femme et point n'est besoin de le prouver davantage. Aimez-moi, je le mérite, tel est le langage inconscient qu'elle tient et surtout en face de Monsieur Capricorne qui, lui, pour qu'on puisse dire qu'il est un homme gentil va «se fendre en quatre» pour démontrer qu'il est le plus sage, donc le plus serviable, le plus compréhensif, le plus tolérant. L'union peut être merveilleuse si les deux consentent à s'exprimer ouvertement et ne point rester sur le haut de la montagne en attendant que l'autre s'y rende!

Au début, comme dans chaque union, c'est tout beau, tout rose, mais voici que le temps use le couple. Leurs vibrations sont telles qu'ils finissent par ne plus se parler, ils se replient chacun de son côté, font leur «boulot», rapportent de l'argent, achètent une maison, éduquent les enfants. Ces derniers ne manqueront de rien, vous pouvez en être assuré. Mais ils risquent de manquer de la chaleur la plus élémentaire: l'affection! Matériellement, les enfants peuvent tout avoir mais, émotionnellement, ils devront deviner que leurs parents les aiment. Les mots n'ont que très peu d'importance pour ces deux Capricorne, ce qui compte, c'est ce qu'on fait pour eux! Les étreintes seront peu nombreuses, la morale, oui! Ces deux signes de terre peuvent finir par s'ennuyer, mais comme ils ont le sens du devoir, le respect de l'union et qu'ils sont conformistes, les choses doivent être ainsi faites, disent-ils souvent. Malgré l'ennui, ils restent ensemble, deux signes de terre et rien pour l'arroser.

Où sont les élans émotionnels? La terre se dessèche, fendille, mais on ne réussit pas à ébranler les montagnes. Il faudra un gros tremblement de terre! Ils peuvent vivre ensemble toute une vie, hier est comme la veille, ça les rassure, mais tout au fond d'eux ils n'osent s'avouer qu'ils aimeraient bien un divertissement! Cependant ces deux signes qui rajeunissent en vieillissant, peuvent tout à coup décider de faire marche arrière et de s'inventer une nouvelle lune de miel afin de sauver leur vie de couple. Ils peuvent réussir, ils sont tenaces. Vivre à deux, on peut toujours y arriver; mais vivre heureux, cela demande un effort de plus!

 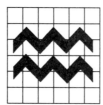

UN CAPRICORNE ET UN VERSEAU

Ils s'entendent bien quand ils se rencontrent, ils discutent sérieusement du sort de l'humanité, de ce qu'il faut faire et ne pas faire pour réussir sa vie. Ils se respecteront, ce sont deux forces, mais ça ne sera pas long que la véritable nature du Verseau fera surface et surprendra le Capricorne et le dérangera. Le Capricorne prendra des habitudes qui fatigueront bien vite le Verseau. Il tentera de freiner celui-ci, mais en vain. Ce signe fixe, ne fait que ce qu'il décide lui-même. Bien que signe fixe, le Verseau est le moins fixe de tous. Quand le Capricorne s'engage dans une union, il tient à la maintenir, mais il n'est pas certain qu'en amour ils feront bon ménage. Le Capricorne a du mal à exprimer ses émotions et le Verseau, de son côté, accumule et explose d'un seul coup.

Le Capricorne l'observe et n'y comprend rien. Il se demande même comment on peut se mettre dans une telle colère. De plus, quand le Verseau éclate après une accumulation de frustrations, c'est souvent pour un détail, disons plutôt une insignifiance! Le Capricorne n'oserait jamais se fâcher pour si peu, lui! Ils sont fiers tous les deux, le Capricorne, parce qu'il veut rester dans la norme; le Verseau, justement pour ne pas avoir l'air de tout le monde. Le Verseau n'a pas non plus inventé la fidélité; le Capricorne, lui, y croit et y tient. Voilà un point où le désaccord peut survenir après quelques années d'union. Le Verseau s'accorde des libertés et le Capricorne le sent et le sait. Là où ils peuvent s'entendre, c'est quand ils s'allient pour une cause commune, dans un monde de recherche, qu'elle soit terrestre ou céleste. Le Verseau, qui a le don de l'exagération, sera ralenti par la prudence du Capricorne qui sera poussé par le Verseau à aller de l'avant.

Amoureusement, ça ne sera pas facile. Pour le Verseau, il est bien difficile de faire une différence entre l'amour et l'amitié. Pour le Capricorne, l'amour représente la fidélité et une sorte d'assurance qu'on vieillira ensemble. Soit qu'ils se blessent mutuellement, ce qui est courant, ou que l'un et l'autre évoluent harmonieusement. Le Verseau devra consacrer de son temps au Capricorne qui a besoin d'intimité pour être bien dans sa peau, et le Capricorne devra accepter les brins de folie du Verseau et le suivre quand il décide que demain ne ressemblera nullement à la veille!

UN CAPRICORNE ET UN POISSONS

Le Capricorne est un signe de terre, beaucoup de terre, puisqu'il s'agit d'une montagne. Le Poissons est un signe d'eau, beaucoup d'eau puisqu'il s'agit de l'océan. Pour le Poissons, le Capricorne est trop sec. Pour le Capricorne, le Poissons est trop dilué! Mais ils peuvent s'entendre si chacun le veut bien, naturellement. Le Capricorne, en tant que signe cardinal, donne des ordres et le Poissons, en tant que signe double, n'y entend rien. Le premier est plutôt ordonné, l'exception fait la règle; l'autre, de par sa nature, aime voir les choses étalées autour de lui. En fait, il n'a pas remarqué que ça traînait! Le Poissons a grand besoin d'affection, mais n'ose pas le demander, comme il devine, il croit aussi qu'on le devine.

Le Capricorne pense que, parce qu'il a fait tel geste, posé tel acte, il vient de donner là une preuve d'attachement. Ce n'est pas suffisant pour le Poissons qui a grand besoin qu'on le rassure. Le Capricorne est un être rangé, qui aime qu'on se plie à un système. Le Poissons n'a pas de système réel, il vit et ça suffit. La prévoyance, en général, il laisse ça à d'autres, ou du moins il n'a pas la même vision que le Capricorne sur le long terme. Le Capricorne vit dans un monde matériel et le Poissons, qui a l'infini devant lui, ne peut en fait situer le mot avenir dans son vocabulaire.

Le Capricorne, comparativement au Poissons, fonctionne avec la raison, et la batterie du Poissons c'est l'émotion. Le Capricorne est capable de s'astreindre à faire des choses qu'il n'aime pas. Le Poissons, lui, a bien du mal à suivre s'il n'est pas heureux dans ce qu'il fait ou là où il est. Rien n'est impossible. Il faudra que le Poissons consente à se laisser guider de temps à autre par le Capricorne qui aime décider et que celui-ci accepte les débordements émotionnels et irrationnels de l'autre. Le Capricorne, s'il veut être heureux avec le Poissons, devra prendre plaisir à entendre et écouter les divagations du Poissons amoureux de l'imagination elle-même. Le Poissons, de son côté, devra faire un effort pour comprendre le mot ambition tel que le conçoit le Capricorne. Ils se rencontrent souvent, ils s'attirent. Le Poissons a la sensation d'avoir trouvé un port, une halte auprès du Capricorne. Le Capricorne croit qu'il rêve enfin, le Poissons est attachant, mais voilà que la lune de miel s'achève.

Le Poissons se remet à rêver du temps où il était au large et rencontrait une multitude de gens qu'il pouvait ressentir à sa guise. Le Capricorne qui a un sens aigu du devoir reproche au Poissons son manque d'exactitude et ses pertes de temps au large! Il a des choses à faire et le Poissons le retarde! Le Poissons se complaît dans une sorte d'infini et le Capricorne est heureux quand il peut trouver une définition de la vie. Il faudra beaucoup de tolérance et de compréhension pour qu'ils puissent vivre heureux ensemble. Et en cette fin de siècle, il semblerait que le mot compromis soit absent dans les vies de couple! Alors le va-et-vient des vagues du Poissons continue de venir frapper le pied de la montagne du Capricorne. L'eau peut gruger lentement le sol, mais il faudra beaucoup de temps avant que la montagne ne plonge dans l'océan.

Pour que cette union réussisse, il faudra une montagne capricornienne pleine d'humour, qui rit quand les vagues du Poissons viennent la chatouiller.

Ses relations avec les autres signes

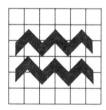 

UN VERSEAU ET UN BÉLIER

Voilà un signe de feu et un signe d'air. L'air attise le feu, le feu réchauffe l'air tout comme il peut l'envahir au point qu'il devient irrespirable. Le Verseau, le moins fixe de tous les signes fixes, plaît au Bélier qui a besoin d'action, de mouvement. Il a ce petit côté dictateur contre lequel le Bélier peut se rebeller. Voilà qu'ils ont une bonne prise de becs, qu'ils se disent leurs quatre vérités et voilà aussi que ni l'un ni l'autre n'entretient la rancoeur. Le Verseau a carrément tout oublié de la scène, et le Bélier, qui est plein d'espoir, ne tient absolument pas à se souvenir! Ils font la paire. Ils sont bien ensemble. Une sorte de respect amical les anime, qui fait que leurs chemins finissent toujours par se croiser, et quoi qu'il se passe entre eux, ils ne retiennent aucun mauvais souvenir. En amour, le Verseau peut trouver le Bélier bien exigeant et le Bélier, trouver que le Verseau est trop souvent absent, mais il peuvent s'accommoder. Le Verseau étant absent, il fait abstraction des demandes du Bélier et le Bélier, vu l'absence du Verseau ne fait bien que ce qui lui plaît. Ils sont doués pour faire la fête ensemble. On peut savoir le moment où la fête commence, mais on ignore quand elle finira. Dans certains cas ça dure toute une vie!

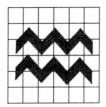 

UN VERSEAU ET UN TAUREAU

Le Taureau est signe de terre et le Verseau est signe d'air et des grands espaces sidéraux! L'un aime la stabilité et l'autre ne la supporte pas, ou si peu, le temps d'un éclair. Le Verseau reprochera au Taureau sa peur devant l'inconnu et celui-ci sera scandalisé par l'impudeur de l'autre face à tout ce qui est permis, ou presque. Le Vénus du Taureau rend le Verseau bien curieux, l'attire, mais en même temps il se demande comment il peut fonctionner dans son monde étroit. Le Taureau, lui, se demande comment le Verseau fait pour vivre au milieu des gens sans s'essouffler. Il est sensible et beaucoup plus qu'il ne le laisse paraître. Le Verseau refuse de se laisser aller aux sentiments; la logique et la raison doivent primer. Pour lui, le sentiment est une faiblesse tandis que, pour le Taureau, c'est une nécessité que de s'épancher.

Quand un Taureau voit une fleur, il la respire, admire sa beauté, l'éclat de ses couleurs, alors qu'un Verseau, lorsqu'il en voit une, se demande par quel chemin elle a pu passer pour éclore ainsi et quelle est son utilité sur terre. Nourriture pour abeilles? Ingrédient qui sert à faire un parfum? Un médicament peut-être? Comment se reproduit-elle? En fait, une fois que le Verseau a vu la fleur, il se préoccupe de son devenir, tandis que le Taureau la voit dans son présent, dans son instant de vie. Nous avons donc là deux visions de la vie totalement différentes. Il leur fau-

194

dra de nombreux ajustements s'il veulent vivre ensemble. Le Taureau devra accepter les amis du Verseau et consentir à suivre
ce dernier quand il se fait courant d'air. Le Verseau devra se montrer plus romantique et ne pas se sentir obligé d'expliquer au Taureau le devenir du bouquet de fleurs. Il est un amoureux de la
vérité toute nue, alors que le Taureau est si sensible que, froissé
ou blessé, il fige, s'immobilise, plonge en lui-même jusqu'à avoir
l'air de bouder.

Le Verseau, une fois qu'il a dit ce qu'il avait à dire, ne se
formalise plus, ne se pose plus de questions. Le Taureau, de son
côté, peut mijoter durant des jours, voire des semaines ou des
mois, un mot, une phrase qui l'a atteint. Le Verseau ne supportera pas ce silence et provoquera le Taureau, il s'en ira, non sans
peine, parce qu'il se sentira rejeté, tandis que le Verseau réagira
vivement en s'intéressant à tout autre chose. Il ne s'accroche pas
au passé, seul l'avenir l'intéresse. S'ils veulent vivre ensemble,
une fois l'effet de séduction passé, le Verseau devra s'arrêter et
se demander ce qui ferait plaisir au Taureau. Le Taureau, lui, ne
devra pas s'accrocher désespérément et attendre, il n'obtiendrait
que mépris. Pour garder le Verseau, il devra l'épater, se dépasser sans cesse lui-même et surtout ne pas bouder! Ne jamais
dépendre du Verseau... ce qui est bien difficile pour un Taureau
pour qui l'amour fait perdre la raison. Le Verseau vibre, mais ne
s'arrête que lorsqu'il ressent un choc, parfois quand le Taureau
est parti.

Un Taureau qui ferme sa porte a bien du mal à revenir en
arrière. Un Verseau est un signe d'air, l'air circule dans toutes
les directions, il peut aller et venir sans faire beaucoup d'efforts.
Il pourrait retourner chercher le Taureau, mais il faudra qu'il
apporte une preuve solide de son amour et la garantie de stabilité. Il faut souhaiter bonne chance à ce couple si Taureau et Verseau tiennent à prendre ensemble la route de l'amour et du
bonheur.

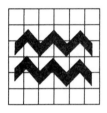 

UN VERSEAU ET
UN GÉMEAUX

On dit qu'ils vont parfaitement bien ensemble, c'est du moins ce que la plupart des astrologues affirment, mais je n'en suis pas aussi sûre, bien qu'ils soient compatibles de par leur signe d'air. Ils se séduisent, ça c'est certain. Face au Verseau, le Gémeaux se sent fragile; en conséquence, le Verseau se sent plus fort! Le Gémeaux peut donc développer une dépendance vis-à-vis du Verseau. Le Verseau, étant de par sa nature plus autonome, finit au bout d'un certain temps — cela peut aller jusqu'à une vingtaine d'années — par ressentir cette dépendance comme une faiblesse. Et il n'aime pas la faiblesse, il aime la force de caractère, il aime lorsqu'il peut se mesurer, admirer et constater les changements. Il aime que les gens et les choses se transforment.

Si un Gémeaux, à cause de l'accumulation de faiblesses, n'arrive pas à se transformer, vous voyez alors le Verseau le rejeter, lui faire sentir son impuissance. Il ne reste plus au Gémeaux que la fuite à tire-d'aile plutôt que sa destruction et l'anéantissement de ses propres idées. Le Verseau est une sorte de visionnaire qui vit vingt ans en avant de son temps, pour qui le moment présent n'a souvent que très peu d'importance. Il en est tout autrement pour le Gémeaux qui est bien de son temps, qui vit au moment présent, pas demain, mais aujourd'hui, et tout de suite! Le Verseau peut paraître trop cadré, trop organisé pour le Gémeaux qui a grand besoin de diversifier ses expériences et ses connaissances. Étant un signe fixe, il se «fixe» souvent une ligne de conduite, une façon de vivre, et s'y maintient sans jamais s'en éloigner trop.

Il se spécialise. Le Gémeaux ne ressent pas aussi profondément ce besoin «d'être un spécialiste», il est poussé vers la diversification, c'est son moyen à lui de cerner et d'apprendre les jeux de la vie. Comparativement au Verseau, il est un grand naïf, un enfant de choeur! Seulement, il arrive que les enfants chahutent, dérangent même! Et ça, le Verseau le tolère mal, bien qu'il soit le moins fixe de tous les signes fixes. La fixité de son signe le rend autoritaire et, pour de nombreux Verseau, cela peut aller jusqu'à la tyrannie. Il doit constamment surveiller cet aspect chez lui. Il est le symbole de l'humanisme mais il lui arrive parfois de vivre dans l'opposition de son signe, de sa mission, et de vouloir dominer plutôt que servir. Le Gémeaux est un communicateur. Quand il se tait, qu'il cesse de communiquer, il ne remplit pas sa mission!

Sur le plan amical, ils s'entendent parfaitement, les idées passent bien de l'un à l'autre. C'est quand ils sont amoureux qu'il y a un risque. Deux signes d'idées ne se font pas vraiment la cour. En réalité, ils discutent de ceci, de cela, de tout ce qui est en dehors d'eux, mais très peu de leurs sentiments, alors que dans une relation sentimentale il est important de vivre cet échange au niveau du coeur si l'on veut que la relation dure. Le Verseau parle de ce qu'il fera dans deux ans, dans cinq ans; le Gémeaux envisage ce qu'il fera demain ou dans une heure... et ils passent tout droit sur le sujet intimité! Dans leur vie de partage, ils s'éloignent l'un de l'autre sans même s'en apercevoir. Le Verseau étant un signe fixe, il est rarement le premier à quitter lorsqu'il est associé avec un Gémeaux. Et comment un signe fixe pourrait-il commettre une erreur? Cela fait également partie de sa mentalité, il croit en son jugement. Tandis que le Gémeaux, plus humble, est capable d'admettre qu'il s'est trompé.

Tout signe double qu'il est, il peut quitter, vouloir revenir ensuite; chose étrange, même après plusieurs années de séparation, ils sont parfois capables de revivre ensemble. Uranus, la planète du Verseau, symbolise le divorce, et le Gémeaux, de par Mercure, la dualité: quand ces deux-là sont ensemble, l'air de leurs signes se transforme en ouragan! Pour qu'ils puissent vivre heureux, le Verseau devra apprendre à faire des concessions et à tolérer les incertitudes et les doutes du Gémeaux, à penser que la belle assurance qu'il manifeste n'est pas aussi réelle qu'il le laisse paraître. Le Gémeaux, de son côté, devra éviter de changer d'avis tous les deux jours afin d'éviter de froisser le Verseau qui, lui, suit une ligne plus droite. Il ne devra pas craindre d'avoir ses propres idées devant le Verseau et de s'affirmer pour obtenir qu'on le respecte. Ils devront se garder du temps pour se faire la cour et renouveler leurs promesses d'amour, seul à seul, sans être entourés d'amis!

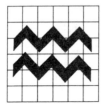 

UN VERSEAU ET UN CANCER

Voilà donc deux signes qui se retrouvent souvent ensemble. Le Verseau étant un peu farfelu, original, marginal même, dans ses comportements, il accepte plutôt facilement les extases, ou les sautes d'humeur du Cancer qu'il considère comme une situation tout à fait normale. Mais il peut arriver que les choses se gâtent. Le Verseau étant un signe de raison et fort indépendant, après avoir écouté, entendu et réentendu le côté tantôt comique et tantôt dramatique du Cancer, s'y étant même habitué, finit par ne plus y attacher d'importance et se détache du Cancer... ou le laisse aller comme on observe un gamin dans un jardin d'enfants!

Le Verseau, signe fixe, peut rester longtemps à son poste d'observation, pour autant qu'il garde sa liberté de penser, d'agir, d'aller et venir à sa guise, et que le Cancer ne lui donne pas d'ordre! Il n'a que faire des manipulations émotionnelles du Cancer. La plupart du temps il ne les voit pas, il ne s'aperçoit pas non plus que le Cancer déploie une énergie monstre pour attirer son attention... Signe d'air, il reste en haut alors que le Cancer, signe d'eau, continue d'agiter ses flots sous le souffle du Verseau! Ce genre d'union peut souvent durer toute une vie, chacun dans ses rêves: le Verseau sur Uranus où rien n'est interdit, et le Cancer sur la Lune où tout est permis. Après quelques années, s'ils ne partagent rien de concret en commun, ils auront bien du mal à se retrouver... Le Verseau est quelque part dans l'espace pendant que le Cancer attend sur la Lune! Peut-être qu'en versant quelques larmes ou en souriant d'espoir aux étoiles... peut-être que l'une d'elles pourrait lui faire un signe... Dans un monde plus terre à terre, le Verseau se fait souvent petit dictateur qui décide de la vie des autres... et le Cancer, étant un signe cardinal, aime bien donner des ordres... que le Verseau n'entend pas et ne veut pas entendre. Le Cancer a beau recourir à toutes les subtilités, l'eau a bien du mal à s'élever dans l'espace et le Verseau ne veut pas quitter l'espace, son royaume! Finalement, le temps a passé, le Cancer attend de la tendresse, de l'affection et de la compréhension, de l'amour et le mélange des âmes... Le Verseau est individualiste dans son discours humaniste, il comprend tout le monde, tous les humains, sauf le Cancer qui est juste à côté de lui et qui attend une caresse.

Ils peuvent vivre ensemble, mais il leur faudra, l'un et l'autre, faire des efforts pour entretenir l'amour qui les a tant fait rêver! Le Cancer devra comprendre que le Verseau intellectualise d'abord et avant tout, et le Verseau devra faire l'effort de ressentir les besoins du Cancer qui croit qu'on le devine. Ils devront se parler ouvertement de leurs besoins, de leurs désirs. L'air du Verseau devra éviter de devenir froid, il gèlerait l'eau du Cancer... Certaines de ces unions Cancer-Verseau patinent toute une vie... l'eau attendant le dégel et l'air attendant que l'eau s'évapore pour monter dans l'espace!

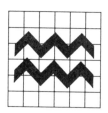 

UN VERSEAU ET UN LION

Ils s'opposent et se complètent sur la roue du zodiaque. Le Verseau s'occupe de l'univers, alors que le Lion veut qu'on s'occupe de lui! Il faudra que le Verseau soit amoureux fou pour que l'union dure! Le Lion réclame beaucoup d'attentions, le Verseau n'a que peu de temps à accorder à un seul individu. Il préfère s'intéresser à la collectivité et organiser. Le Lion devra donc être une personne très affairée et ne pas compter sur le Verseau vingt-quatre heures par jour s'il ne veut pas souffrir dans l'attente. Le Verseau est le moins fixe de tous les signes fixes. Il est rarement à l'heure et oublie souvent les promesses qu'il a faites. Il finit par les tenir, mais plus tard, quand la mémoire lui revient! Le Lion représente le coeur, les grands sentiments, les émotions; le Verseau est un être de raison, il analyse constamment ceux qui sont devant lui et il fait l'inventaire de ce qui est bien ou mal chez eux. Le Lion, lui, aime ou n'aime pas, ou est indifférent. Il n'a pas ce besoin d'expliquer qui sont les autres. Il les ressent, il est bien ou mal avec eux, il reste ou il s'en va!

Pour que le Verseau demeure fidèle au Lion il faudra que celui-ci l'épate et lui démontre qu'il est le plus fort, le plus entreprenant, le plus audacieux des deux. Il faudra que le Verseau l'admire, sinon ce signe d'air qu'est le Verseau ne tardera pas à disparaître sous d'autres cieux où l'aventure l'appelle. Quand deux signes s'opposent sur la roue du zodiaque, un rapport de force peut s'établir, l'un veut dominer l'autre. Le Lion aime régner, le Verseau veut dicter et décider de tout! Ici commence alors l'affrontement.

Le Verseau se veut socialement impeccable et il l'est le plus souvent, il ne commet pas d'erreur devant les gens, il sait quoi dire et quoi faire, il se moule aisément à tous les environnements et à tous les types de société. Il n'en va pas de même pour le Lion qui a besoin de connaître son importance au sein d'un groupe. Il aime savoir quel rôle il joue et surtout il veut pouvoir jouer un premier rôle! Le Verseau, lui, peut jouer tous les rôles, peu lui importe; il est d'ailleurs fort capable de rire de lui. L'essentiel est qu'il a si bien influencé tout le monde qu'il est celui qui a joué le premier rôle... Voilà que, au bout d'un certain temps, le Lion qui n'est pas dupe se rend compte que le jeu du Verseau n'avait qu'un objectif, dicter! Il le fait parfois à son propre insu. Il commande et dirige tout parce qu'il a raison sur tout. Il finit par écorcher le Lion avec sa raison. Celui-ci a besoin qu'on lui parle de sentiments, d'amour!

Il aime bien prendre des vacances, se reposer et jouir de la vie. Le Verseau ne connaît que peu de repos, il a toujours quelque chose à faire, quelque chose à explorer. Pour lui, prendre des vacances c'est finir un travail qu'il avait déjà commencé. Son esprit peut aller d'un sujet à l'autre sans terminer le premier, ce qui peut agacer le Lion qui aime bien terminer ce qu'il a commencé. Le Verseau fait une foule de choses en même temps, temps qui ne peut donc appartenir au Lion qui finit par se sentir délaissé... Pour qu'ils puissent vivre heureux ensemble, le Verseau devra accorder au Lion des moments d'exclusivité et celui-ci devra éviter toute possessivité et donner à l'autre congé de temps en temps. Il arrive au Verseau de n'apprécier quelqu'un que lorsqu'il s'en éloigne!

UN VERSEAU ET UNE VIERGE

Ils sympathisent immédiatement. Deux génies qui se rencontrent... ou la folie! Ils causeront beaucoup ensemble, leurs vibrations les provoquent à la multiplication des idées. La Vierge est généralement une personne raisonnable et le Verseau en a l'air! Elle sent qu'elle pourra vivre une grande excitation avec le Verseau, elle ne repoussera pas la soif d'innovation de l'autre. Elle est un signe double, mutable, qui prend parfois la fuite ou a besoin de s'évader pour se retrouver. Le Verseau, signe fixe, est le dictateur du zodiaque, mais sans en avoir l'air. Il prêche l'humanisme! Son message, la plupart du temps, est «justice, liberté, égalité pour tous, mais moi au-dessus!» Voilà que la Vierge s'est attachée au Verseau. Elle est amoureuse de l'intelligence, de la raison, et le Verseau en a à revendre. Personne sensible, bien qu'elle tente continuellement de le cacher, elle ressent immédiatement ce qui la blesse ou lui fait plaisir.

Le Verseau est sensible également, mais il l'est à retardement! Sous un air jovial et raisonnable, il passe la plupart de son temps à dicter à la Vierge sa conduite. Il y va par comparaison, par progression. Tous les jeux de l'analyse y passent. Il oublie de demander à la Vierge si elle va bien ou mal. Il demande plutôt comment vont les affaires, le travail, telle ou telle personne.

Il s'intéresse à l'humanité, mais il oublie de s'intéresser à la personne qui vit près de lui. Lentement le mal gruge. La Vierge n'en peut plus qu'on ne s'intéresse qu'à ce qu'elle fait. Elle aussi elle est quelqu'un! Il faudrait que le Verseau s'en rende compte. Un jour, la Vierge annoncera au Verseau qu'elle part en voyage, et celui-ci qui peut très bien vivre à distance n'y voit aucun inconvénient. Cependant, au bout de quelques jours il pourrait se demander si on ne l'a pas quitté. Je vous l'ai dit, le Verseau est si préoccupé par l'avenir et par les gens qui l'entourent, qu'il en oublie le moment présent et ne voit pas la personne qui l'aime désespérément. Étant un signe fixe, il ne démissionne pas facilement quand il s'est engagé. Comment aurait-il pu se tromper? Et comme tout signe fixe, il prend des habitudes, bien qu'il soit le moins apte à en prendre. La Vierge, absente, éveille les émotions du Verseau! Et quand il dira «je t'aime», il ne faudra pas l'oublier et ce sera vrai!

Un jeu intellectuel peut exister entre eux, un rapport de forces, une lutte d'intelligence, mais le jeu est malsain. Le Verseau veut dominer et la Vierge ne tient pas à se laisser mener. Signe double, elle aime qu'on respecte sa liberté d'esprit. Elle est critique. Le Verseau manifeste souvent une grande assurance dans ce qu'il croit et il le dit ouvertement, et la Vierge peut y trouver une faille, puis une autre... et voilà que l'un et l'autre se démolissent et c'est la fin. Ils se seront attirés pour ensuite s'éloigner difficilement, la Vierge, profondément blessée de n'avoir pas été aimée, et le Verseau, de n'avoir pu être heureux avec l'autre et les autres. Ces deux signes ensemble peuvent s'éprouver, et c'est parfois de l'épreuve que viennent les grandes preuves!

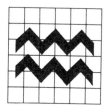 

UN VERSEAU ET UNE BALANCE

Ils ont tous les deux un grand sens social. Ils aiment le monde, la compagnie, l'originalité, la fantaisie et, ensemble, ils stimulent leur créativité. Le Verseau est un signe fixe, mais il est le moins fixe de tous les signes fixes. La Balance symbolise Vénus, le mariage, l'union, l'amour, l'harmonie entre deux êtres, et c'est son plus cher désir. Le Verseau, régi par Uranus, planète de l'espace, de l'originalité, de l'innovation, mais aussi du divorce, a beaucoup de mal, du moins durant sa jeunesse, à vivre une union fixe. Ça lui donne la sensation qu'il y perd sa liberté alors que, tout au contraire, l'union donne de la force à la Balance! Le Verseau n'est pas un signe de fidélité par excellence, mais l'exception fait la règle. Il symbolise la permissivité sexuelle. La Balance, tout au contraire, maintient qu'il faut rester fidèle pour que l'union se prolonge.

Le Verseau est un être cyclique. Avec lui, il ne faut signer que pour quatre ans à la fois. Ensuite, si tout va bien, on renouvelle le contrat! Quand il a une idée dans la tête, il agit le plus rapidement possible. La Balance, personne hésitante, admire ce trait et le Verseau se sent flatté de tant de considérations. Il symbolise l'humanisme mais, dans son désir humanitaire, il lui arrive d'oublier la personne qui vit à ses côtés. La Balance pourrait se sentir délaissée, à moins qu'elle ne soit, de son côté, très occupée à autre chose. Personne n'est plus efficace qu'une Balance pour adoucir le coeur du Verseau, ce grand raisonneur, ce logique qui se cache souvent à lui-même ses plus profonds sentiments et attachements. Il n'y a rien de mieux que le plaidoyer d'une Balance pour lui faire avouer la vérité et lui faire dire «je t'aime»!

La Balance est signe cardinal, donc de chef, qui donne des ordres. Le Verseau est un signe fixe, qui n'en prend pas et, dans son cas, qui ne les entend même pas, trop occupé qu'il est à bâtir le monde, son entreprise, et à rencontrer les gens. Les grandes carrières c'est pour lui. Sa vie intime passe souvent en dernier. Il ne s'en préoccupe souvent que lorsqu'il se rend compte que ça lui échappe! Si le Verseau a blessé la Balance, il devra réparer. Celle-ci, dans son amour, est capable de se taire longtemps afin de maintenir l'union, mais le jour où elle jugera qu'elle n'en peut plus, sa tornade pourrait ébranler le Verseau, mais comme il est le signe de la foudre, il est capable de rebondir dans un éclair, de tout analyser, de tout comprendre et de se faire pardonner! La Balance fera tout ce qu'elle peut pour faire plaisir au Verseau, mais ce signe fixe ne devra jamais le tenir pour acquis et devra apprendre à dire merci. Quand il a une vérité à dire concernant un comportement qu'il n'aime pas vraiment chez la Balance, il devra le faire avec douceur, éviter les blessures qui meurtrissent le coeur de la Balance. Si celle-ci accepte les fantaisies du Verseau et ne se trouble pas devant l'irrégularité de sa conduite ou son manque de présence, et si le Verseau se plie de temps à autre à la demande romantique de la Balance, ils pourront alors entretenir une longue relation qui peut durer, durer, durer... et plus le temps passe plus ils s'attacheront.

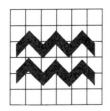 

UN VERSEAU ET UN SCORPION

Ils se provoquent l'un l'autre. Le Verseau vit avec la raison; et le Scorpion vit dans les émotions. Le Verseau n'est pas démuni d'émotions, il fait semblant de ne pas les ressentir au cas où ça le blesserait. Le Scorpion n'est pas démuni de raison, mais avec les émotions il touche le coeur et les sentiments en ligne droite. Ce sont deux signes fixes, deux êtres indépendants. Ni l'un ni l'autre n'acceptent des conseils. Le Verseau paraît écouter attentivement, mais son esprit est ailleurs. Le Scorpion ne supporte pas qu'on lui dise quoi faire, mais il retient et, un jour, il mettra en pratique le conseil qu'on lui a donné. Il faudra à chacun une bonne dose de tolérance pour qu'ils vivent ensemble.

Il s'agit de deux signes fixes qui partagent difficilement le territoire qu'ils se sont alloué. Le Verseau, plutôt individualiste, se préoccupe du bien-être de ia société et oublie souvent sa propre famille et la personne qui vit près de lui. Il veut réformer le monde. Le Scorpion, signe fixe, l'attend, il est patient. Mais un jour, réalisant qu'il ne fait plus partie de la société du Verseau, il s'en ira sans faire de drame. Quand le Verseau se rendra compte du vide, il réalisera qu'il n'y a plus de chaleur, plus de passion, plus de sentiments, qu'il se retrouve avec sa seule raison, alors il pourra faire n'importe quoi, ou presque, pour retrouver le Scorpion qui, lui, de son côté se laissera prendre par les émotions! Pour qu'ils puissent vivre heureux ensemble, étant donné leur vision différente de la vie, de temps en temps, à tour de rôle, chacun devra descendre dans la vie de l'autre et essayer de se mettre à sa place. Ils apprendront ainsi à respecter leurs goûts qui sont généralement très différents, et leurs idées. Le Verseau réforme, le Scorpion transforme. Le Verseau, le onzième signe du zodiaque, possède en lui toute une connaissance subconsciente des signes qui le précèdent. Aussi quand il rencontre un Scorpion, a-t-il parfois l'impression qu'il le connaît, qu'il peut le cerner. Surprise! Ce que le Verseau ignore c'est que le Scorpion est continuellement en mutation, et quand il croit avoir compris il a devant lui un Scorpion différent.

Le Verseau aime la surprise et le Scorpion a horreur de l'ennui. Là-dessus ils seront d'accord pour faire de leur vie commune un mouvement continu; il faudra simplement qu'ils évitent le chaos. Le Verseau ne devra pas se moquer de l'intensité émotionnelle du Scorpion, de ses peurs, et le Scorpion se gardera bien de se replier sur son monde et de fuir les amis du Verseau qui, généralement, en a beaucoup. Le Scorpion étant jaloux et possessif, et le Verseau étant un signe de permissivité sexuelle, ils peuvent bien se réserver de petites surprises. Pour le Scorpion, la sexualité a souvent quelque chose de sacré. Pour le Verseau c'est une expérience de plus et sans conséquence. Il risque donc d'y avoir des frictions. Si le Verseau s'éparpillait, la sentence du Scorpion serait terrible, ce serait un non-retour. Le Verseau est un signe d'air, il lui arrive d'oublier les détails qui préoccupent tant notre Scorpion. Le Verseau demande: Qu'est-ce que tu as fait? Et le Scorpion: Comment te sens-tu? Il leur faudra ajuster leur mode de vie.

Pour un Verseau, faire est essentiel; et pour un Scorpion, c'est sans doute faire, mais aussi bien sentir. Le Verseau apprendra du Scorpion que les sentiments sont tout aussi importants que le monde de la raison. Le Scorpion apprendra du Verseau à composer avec les différentes personnes qui se trouvent sur sa route et à ne pas craindre pour le lendemain parce que, pour le Verseau, il y a toujours de l'avenir.

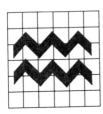 

UN VERSEAU ET UN SAGITTAIRE

Ils s'acceptent très bien l'un et l'autre au départ, ils ont un idéal semblable, soit toucher l'humanité! Le Verseau, symbole uranien tout fait de surprises, a de quoi s'occuper avec le Sagittaire qui tourne à gauche sans avertir, et à droite quand il est supposé aller droit devant lui. Ni l'un ni l'autre ne sont des rancuniers. Ils peuvent se dire les pires bêtises, et deux minutes plus tard tout est oublié. Le Sagittaire est parti prendre l'air, faire du sport, et le Verseau est retourné à son occupation intellectuelle. Sexuellement, ils trouvent une entente immédiate. Ils restent libres, même en amour!

Le Verseau trompe l'autre sans se rendre compte qu'il le fait. Le Sagittaire trompe parce qu'il n'a pu résister à l'appel. Ils ne s'en voudront pas longtemps au moment du jeu de la vérité! Ils sont également capables de se quitter sans dramatiser: le Sagittaire a la faculté de trouver la sympathie chez autrui et de se consoler rapidement, le Verseau n'a pas, lui, la mémoire du passé, sinon quelques bribes qu'il lui arrive même de transformer au gré de son imagination pour que ce soit plus facile à supporter.

Généralement, la relation commence par de l'amitié et peut rester ainsi longtemps. Puis, le temps les liant davantage, se découvrant mutuellement des qualités, ils se retrouvent amoureux, amants, et se disent qu'ils sont très bien ensemble.

Le Verseau, un signe fixe et autoritaire, pourra toujours essayer de dominer ce signe double qu'est le Sagittaire. Ce dernier n'y voit que du feu et sait fort bien faire rire le Verseau en lui mettant sous le nez son attitude qui se tient bien loin de l'humanisme quand il devient possessif. Bien que le Sagittaire soit un être fier, il accepte de perdre quelques parties et est toujours prêt à recommencer. Le Verseau a quelques leçons à apprendre là-dessus, il est plus mauvais perdant. Il peut toujours vous dire le contraire, mais au fond il n'y croit pas, aucun des signes fixes ne peut accepter de bon coeur d'être perdant, ni le Taureau, ni le Lion, ni le Scorpion. Avec le Verseau, le Sagittaire apprendra que l'éparpillement de ses forces et de ses talents joue contre lui et qu'il aurait intérêt à avoir plus de discipline. Ils peuvent faire un excellent duo, ils peuvent s'aimer longtemps après avoir été amis, pourvu que chacun respecte la liberté de l'autre et que, de temps en temps, ils s'accordent de vivre une exploration quelque part dans le monde d'où ils rapporteront des faits originaux, des événements particuliers, des souvenirs qui n'appartiennent qu'à eux et dont ils pourront se parler souvent et en rire.

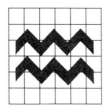 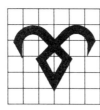

UN VERSEAU ET UN CAPRICORNE

Ils s'entendent bien quand ils se rencontrent, ils discutent sérieusement du sort de l'humanité. De ce qu'il faut faire et ne pas faire pour réussir sa vie. Ils se respecteront, ce sont deux forces, mais ça ne sera pas long que la véritable nature du Verseau fera surface et surprendra le Capricorne et le dérangera.

Le Capricorne prendra des habitudes qui fatigueront bien vite le Verseau. Il tentera de freiner celui-ci, mais en vain. Ce signe fixe ne fait que ce qu'il décide lui-même. Bien que signe fixe, le Verseau est le moins fixe de tous. Quand le Capricorne s'engage dans une union, il tient à la maintenir, mais il n'est pas certain qu'en amour ils feront bon ménage. Le Capricorne a du mal à exprimer ses émotions et le Verseau, de son côté, accumule et explose d'un seul coup. Le Capricorne l'observe et n'y comprend rien. Il se demande même comment on peut se mettre dans une telle colère. De plus, quand le Verseau éclate après une accumulation de frustrations, c'est souvent pour un détail, disons plutôt une insignifiance! Le Capricorne n'oserait jamais se fâcher pour si peu, lui! Ils sont fiers tous les deux, le Capricorne, parce qu'il veut rester dans la norme; le Verseau, justement pour ne pas avoir l'air de tout le monde. Le Verseau n'a pas non plus inventé la fidélité; le Capricorne, lui, y croit et y tient. Voilà un point où le désaccord peut survenir après quelques années d'union. Le Verseau s'accorde des libertés et le Capricorne le sent et le sait. Là où ils peuvent s'entendre, c'est quand ils s'allient pour une cause commune, dans un monde de recherche, qu'elle soit terrestre ou céleste. Le Verseau qui a le don de l'exagération, sera ralenti par la prudence du Capricorne qui sera poussé par le Verseau à aller de l'avant.

Amoureusement, ça ne sera pas facile. Pour le Verseau, il est bien difficile de faire une différence entre l'amour et l'amitié. Pour le Capricorne, l'amour représente la fidélité et une sorte d'assurance qu'on vieillira ensemble. Soit qu'ils se blessent mutuellement, ce qui est courant, soit que l'un et l'autre évoluent harmonieusement. Le Verseau devra consacrer de son temps au Capricorne qui a besoin d'intimité pour être bien dans sa peau et le Capricorne devra accepter les brins de folie du Verseau et le suivre quand il décide que demain ne ressemblera nullement à la veille!

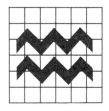 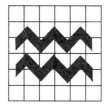

UN VERSEAU ET UN AUTRE VERSEAU

Voici deux personnes tout à fait spéciales, deux courants d'air! Chacun dans son ciel et sans désaccord, ou du moins, quand il y en aura, l'orage passera très vite. Ils se stimulent l'un et l'autre à ne pas vivre comme tout le monde. Ne désapprouvant pas leurs fantaisies, ils ont toujours un sujet de conversation original. Ils ne parlent peut-être pas de la même chose, qu'importe, ils retiennent l'essentiel de l'un et de l'autre. Ensemble ils auront un budget choc, un compte-voyage, ils pourront tenir un journal sur l'excès qui n'a pas si mauvais goût! Ils s'attacheront l'un à l'autre, deux signes fixes, ils seront certains, mieux que beaucoup d'autres signes, que la distance n'affecte en rien leurs sentiments. Ils consacreront peu de temps à l'analyse et à la compréhension de l'autre; ils se saisissent au vol et ça se passe d'explications. En fait, ils ne s'apercevront de leurs absences réciproques qu'après un bon moment. Ils se pardonneront leurs erreurs qu'ils considéreront comme une expérience de plus à rajouter au journal.

Ils ne compétitionnent pas ensemble, ils respectent leurs forces et s'encouragent à poursuivre leurs objectifs qui aux yeux de personnes supposées sensées pourront paraître utopiques. Surprise! ils réussissent à les atteindre! L'amour entre eux sera vécu tantôt passionnément, tantôt raisonnablement, tantôt à distance. Ils se feront la pluie comme le beau temps. Quelques conflits d'autorité pourraient surgir si l'un décidait qu'il est le maître et que l'autre doit le servir! Les déclarations d'amour ne seront pas non plus courantes! S'ils savent logiquement qu'ils s'aiment, pourquoi passer leur temps à le répéter? Une fois tous les cinq ans peut suffire! Quand vous les verrez, ils afficheront un air tout à fait romantique et puis tout à coup ils se mettront à parler des dernières nouvelles mondiales et combien cela affecte ce pays-ci ou celui-là.

En fait, vous aurez à peine l'impression qu'ils vivent ensemble; si vous les rencontrez dans une soirée, chacun est de son côté à parler à tous et chacun, et à convaincre les invités des bienfaits de la liberté d'expression, et quand tout sera fini, ils partiront bras dessus bras dessous en souriant! Pour que deux signes identiques puissent se complaire et se compléter, une grande différence d'âge est préférable entre eux. Ainsi, chacun apporte l'expérience d'une autre génération, une autre vision de l'exploration du monde. Autrement, ils risquent de se trouver ennuyeux, avec presque rien à découvrir de l'un ou de l'autre. Obstination et entêtement peuvent alors survenir, et pour être heureux ce n'est pas la bonne recette.

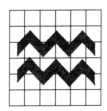 

UN VERSEAU ET UN POISSONS

Ici le Verseau pourra toujours se poser des questions, il se demandera longtemps comment on peut vivre en chevauchant à la fois les émotions et la raison. C'est un véritable mystère qu'il élucidera, peut-être bien dans une autre vie! Le Verseau, en tant que signe fixe, aime diriger, dominer les situations, au travail ou à la maison ou même dans ses loisirs. Il a le sens de la compétition. Le Poissons, lui, compétitionne avec lui-même. Il ne sent pas le besoin de prouver à d'autres qu'il a raison. Il pense et ressent. Il navigue et pas toujours en ligne droite. Comment pourrait-il s'arrêter à une seule expérience, aussitôt qu'il en commence une il sait déjà comment ça va finir, alors pourquoi lui faudra-t-il absolument «toucher la fin»? Il en est tout autrement du Verseau qui aime voir les résultats qui le rassurent sur son efficacité.

Le Verseau tentera de freiner le Poissons mais il aura une petite surprise: ce dernier lui glissera entre les mains. Le Verseau aura là de quoi occuper son cerveau pour un bout de temps. Le Poissons est désarmant pour le Verseau. Celui-ci explique quelque chose en toute logique, et à son dernier paragraphe, le Poissons soulève une intrigue qui vient démolir d'un seul coup toute la belle littérature raisonnable du Verseau par une remarque à la fois plus logique et humaine! Le Poissons a besoin de tendresse, il touche le coeur, il communique avec l'âme, pendant que le Verseau, lui, vit une expérience qu'il raisonne et qu'il raconte. Avec le Poissons on ne raconte pas l'amour, on le vit, on le ressent. Le Verseau, de son côté, a ce besoin de détailler ses sentiments, ses sensations qui se sont produites à un moment précis. Ce qui finit par énerver le Poissons qui, dans le cas humain, bien qu'il ait l'air d'avoir été pris à l'hameçon, ne l'est pas vraiment. Pour qu'ils puissent vivre heureux, le Verseau devra accepter la diversité et l'instabilité des idées du Poissons, il devra respecter sa capacité de prendre une multitude d'engagements vis-à-vis différentes idéologies. Le Poissons devra s'efforcer d'être moins évasif et plus présent en face du Verseau. Le Poissons a tendance à le provoquer à de nouvelles idées puis à s'en aller plutôt que d'écouter les réflexions qu'il a suscitées, ce qui choque grandement le Verseau.

Par rapport au Poissons, le Verseau est consistant, il agit. Le Poissons rêve et ça ce n'est pas logique. Le Verseau est un signe d'air, l'air est en haut, et le Poissons, un signe d'eau, l'eau est en bas. Ils ont beaucoup à se raconter sur leurs différentes expériences et visions. Le respect s'installe quand le Verseau cesse de croire que le Poissons divague. Contrairement à ce que pense en général le Verseau, le Poissons est plus logique qu'il ne le laisse paraître, seulement lui il a compris que la vie prend sa source dans cet univers où on ne peut rien situer d'une manière absolue. Le monde de l'espace appartient au Verseau, c'est bien grand par rapport à d'autres signes, et bien petit comparativement à la dimension de l'infini que le Poissons porte en lui. Le Verseau respecte la force, veut sauver l'humanité, mais on devra obéir à ses directives, tandis que le Poissons tout en respectant la force, sympathise avec la faiblesse, qui est profondément humaine, et il n'a nul autre conseil à donner si ce n'est que rêver, c'est commencer à inscrire dans le grand livre de la vie l'action sans la force ni la violence.

Ses relations avec les autres signes

 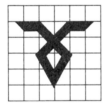

UN POISSONS ET UN BÉLIER

Encore une fois nous avons ici le feu du Bélier et l'eau du Poissons. Le feu fait bouillir l'eau, elle déborde et éteint le feu, ou alors l'eau s'évapore si le feu du Bélier ne sait pas maintenir la température et laisser le Poissons s'alimenter à ses sources humides de l'affection détachée de toute passion consumante. Le Bélier étant surtout centré sur lui-même et le Poissons, concerné par l'humanité, il leur sera bien difficile d'avoir un même point de vue sur un même sujet. Le Bélier s'accroche aux artifices, alors que le Poissons devine ce qui se cache derrière toute chose. Le Bélier n'acceptera pas d'être prévenu et le Poissons n'interdira rien puisqu'il conçoit que chacun doit vivre ses expériences personnelles pour connaître sa route. Le Bélier est un signe de feu, un signe cardinal, qui donne beaucoup d'ordres dans une même journée. Le Poissons est un signe double qui entend, mais qui n'observe aucune directive, trop occupé qu'il

est à vivre soit dans ses rêves, soit dans une réalité qui l'empêche de vivre ses rêves. Rien n'est impossible si le Bélier accepte
les idées larges du Poissons et son sens de l'infini en toutes choses, et si le Poissons accepte la dimension bien terrestre et volcanique du Bélier. Le Bélier n'accordera pas beaucoup de repos
au Poissons car il désirera qu'on s'occupe de lui, ce qui peut
déranger le Poissons au milieu de ses pensées et finir par l'agacer. Le Bélier trouvera que le Poissons est distant... le Poissons
réalisera que le Bélier est trop exigeant!

UN POISSONS ET UN TAUREAU

C'est tout d'abord l'attrait sexuel qui les lie. Le Poissons est
un signe d'eau, symbole de l'océan infini et des profondeurs
insondables. Le Taureau est un signe de terre, sa vision de la
vie est claire, dessinée, nette, son parcours est tracé. Ils se comprennent difficilement, une belle amitié peut les lier, une passion
peut se déclarer. Le Taureau voudra que ça dure toujours, le Poissons aussi, seulement il supportera mal que le Taureau l'enchaîne
à des habitudes. Le Poissons a trop besoin de mouvement pour
s'assouvir longtemps au même endroit. Puissant signe d'eau, il
est l'océan, la mer, alors que le territoire du Taureau, un signe
de terre, est délimité. Si vous jetez l'océan dans un pâturage, vous
aurez non seulement une inondation, mais la disparition totale
de cette terre, l'eau l'envahira totalement. Le Taureau, face au
Poissons, peut développer des complexes, se sentir amoindri,
inconsciemment et le Poissons peut se détourner du Taureau pour
aller voir ailleurs... juste pour voir, il a l'intention de revenir. Il
revient, le Taureau est heureux, mais chaque fois que le Poissons disparaît de la vie du Taureau, celui-ci se meurt d'amour...
Ce petit jeu peut durer longtemps... jusqu'au jour où le Taureau

n'en peut plus et il claque la porte au nez du Poissons. Ce dernier peut souffrir de blesser l'autre, mais il a du mal à se restreindre et, s'il le faisait, peut-être serait-il si malheureux que le Taureau le rejetterait à son tour. Un Poissons malheureux s'enferme dans le rêve, un rêve souvent provoqué par l'alcool ou la drogue. Un Taureau réaliste ne supporterait pas un Poissons à l'esprit inconsistant, aux actes irréguliers.

À peu près tous les astrologues sont d'accord pour dire que ces deux-là sont parfaits ensemble, quelques-uns ont réussi, mais ils sont peu nombreux. Le Taureau est un signe fixe, il fixe donc les règles du jeu. Le Poissons est un signe double, libre comme l'océan, il n'observe aucune règle, ça le limiterait dans sa créativité, dans sa vie. Pour qu'ils puissent vivre ensemble, le Taureau ne devra fixer aucune loi, laisser vivre sans poser de questions. Le Poissons ressent les contraintes, il devine ce qu'il considère comme des pièges et ne s'y laisse pas prendre facilement ou, s'il s'y laisse prendre, il en ressort plus aisément qu'un Taureau ne sait le faire. Si le Poissons veut garder le Taureau, il devra s'efforcer de lui faire de temps à autre un rapport de ses activités. Il devra lui faire des promesses et les tenir à court terme.

Le Poissons, bien que sensible, ne se gêne nullement pour dire ce qu'il pense. Il a le don de plonger dans le coeur et dans l'âme d'autrui, de pincer ou de caresser. Le Taureau supporte mal la douleur, elle est plus vive que chez beaucoup d'autres signes, aussi le Poissons devra-t-il mesurer la portée de ses mots, de ses gestes. Une blessure est longue à guérir chez le Taureau. Le Poissons vit à la fois avec toutes les blessures et les plaisirs de cet univers, il ne sépare pas les choses. Le Taureau le fait, lui. Pour le Poissons, quand il y a bonheur, il y a douleur quelque part, cela fait partie de sa nature. Pour le Taureau, le bonheur est une conception claire, exempte de douleur, du moins c'est ainsi qu'il veut le vivre. Il ne peut concevoir l'homogénéité entre bonheur et douleur. Pour le Poissons, c'est un aliment bien naturel, tout comme l'océan se nourrit de l'océan avec sa beauté et ses risques.

UN POISSONS ET UN GÉMEAUX

Nous avons ici deux signes doubles, l'un d'air et l'autre d'eau, et l'unification n'est pas de toute facilité. L'air du Gémeaux agite l'eau du Poissons; cependant, la puissance des eaux du Poissons ne fait que de toutes petites vagues sous le souffle du Gémeaux, l'eau est peu agitée! Ce peut même être ennuyant! Et cette eau n'arrive pas à toucher l'air! Ni l'un ni l'autre n'aiment vraiment assumer des responsabilités et c'est pire encore quand leurs vibrations se croisent. Ensemble, ils attendront que l'un ou l'autre décide! Et si personne ne bouge, chacun attend... Le Poissons n'est pas un grand bavard, il a tout ressenti et deviné et il trouve que les explications du Gémeaux sont superficielles, qu'il s'y perd et que, finalement, on n'a pas vraiment besoin de s'attarder à autant de détails pour faire une vie!

Le Gémeaux cherche une raison à tout et, pour le Poissons, il lui suffit d'être. Ils auront tendance à se critiquer. Le Gémeaux reprochera au Poissons de trop rêver et de ne pas assez agir ou pas assez vite. Celui-ci, de son côté, trouvera que le Gémeaux ne fait tout qu'à demi et qu'il vaudrait mieux alors ne rien faire! Ils trouveront peut-être sans cesse à redire sur leurs initiatives et ils seront bien loin de ce qu'on nomme le support mutuel ou l'encouragement. Le Poissons ne craint pas vraiment l'avenir; pour lui, l'infini est son monde. Le Gémeaux a tendance à s'inquiéter plus que de raison de ce qu'il pourra mettre sur la table. Le Poissons est rarement un conventionnel, même quand il essaie très fort de l'être. Le Gémeaux l'est. Il n'aimerait pas faire quelque chose qu'une foule de gens pourrait juger comme déraisonnable. Après tout, son signe n'est pas animal!

Le Poissons est un être généralement sensuel et il n'y a pas d'heures fixes pour l'amour. Le Gémeaux n'est pas un signe animal et il ne se laisse pas facilement aller à ses désirs! Surtout s'il travaille le lendemain! Ces deux vibrations s'ajustent mal, comme si elles n'avaient jamais la même heure. Il faudra beaucoup d'efforts s'ils veulent absolument vivre ensemble, mais rien n'est impossible. Le Gémeaux devra être attentif au Poissons qui veut qu'on le devine. Le Poissons, de son côté, devra apprendre à exprimer ses désirs.

Le Gémeaux adore la conversation, mais n'aime pas les devinettes. Ils devront se choisir un loisir, un sport, un jeu en commun pour éviter qu'ils ne s'écartent trop souvent l'un de l'autre. Le Gémeaux, signe d'air, trouve toujours quelque chose à faire quelque part: rencontrer des amis à lui en oubliant parfois de les présenter au Poissons. Le Poissons, qui n'a nullement peur de la solitude, devra toutefois se mêler aux amis du Gémeaux qui, lui, en a grandement besoin. Ils devront éviter de se jouer le tour de «l'indépendance» juste pour se démontrer l'un à l'autre qu'ils n'ont besoin de personne... ils courraient ainsi le risque de ne plus se rencontrer. Leur langage est si différent! Quand le Poissons dit pour toujours, il parle aussi de l'infini où il sait qu'on y est unis à tout jamais. Quand le Gémeaux dit pour toujours, il faut lui donner le temps d'y réfléchir avant de le croire sérieusement... Si vous avez décidé de vaincre les obstacles, si vous avez décidé de vivre ensemble, il faudra, comme me le disaient mes parents, de temps à autre faire des compromis!

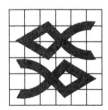 

UN POISSONS ET UN CANCER

Ça commence par une passion, et ça peut durer toute une vie, mais ce ne sera pas sans quelques douleurs. Ce sont deux signes d'eau, deux grands sensibles! Le Cancer étant un signe cardinal, donc de commandement, il voudra régler la vie du Poissons qui, par bonté, acceptera, du moins pendant quelque temps quelques caprices cancériens. Le Poissons étant un signe double, s'il ressent trop de pression des pinces du crabe il pourra lui glisser entre les pattes, mais deux signes d'eau ne se quittent pas facilement et ils ne peuvent oublier qu'ils se sont aimés et ont du mal, l'un comme l'autre, à accepter la fin d'un amour.

Le Poissons a horreur de l'ennui et le Cancer aime bien qu'on l'amuse! Le Cancer étant un signe lunaire, donc inconstant dans ses humeurs, il saura bien créer de la diversité, même s'il faut commencer par des arguments... Tous deux se calmeront dans les bras l'un de l'autre. Le Cancer aura tendance à jouer l'indépendant, mais le Poissons sait fort bien que l'autre n'est pas aussi indépendant qu'il veut le laisser paraître.

On ne peut rien cacher au Poissons, il devine, et rien n'est plus clair qu'un Cancer ému... la vibration passe très bien jusqu'au Poissons. Le Poissons est généralement de nature plus tolérante que le Cancer et est moins inquiet puisqu'il ressent continuellement l'infini; le monde du Cancer lui paraît alors comme un territoire vérifiable. Il connaît par coeur toutes ses peurs et ses angoisses et il sait le rassurer. Ces deux signes d'eau aiment la tendresse, l'affection, le rêve, et ils peuvent ensemble tout partager. L'un et l'autre se trouveront tout à fait satisfaits d'avoir fait le tour du monde juste par la pensée. Le Cancer est un imaginatif et le Poissons, qui déteste la routine, se sent bien dans la valse des émotions fluctuantes du Cancer.

Ces deux signes d'eau peuvent donc vivre ensemble des excès de tous genres. Ils devront se surveiller l'un l'autre pour ne pas sombrer au fond de l'eau! S'ils se font mal, ils souffrent plus qu'ils ne se le disent, et s'ils se séparent, ils ont tous les deux du mal à respirer. Comment deux signes d'eau peuvent-ils respirer la tête hors de l'eau? Ils doivent à tout prix éviter de se blesser, de se tourmenter, de s'inquiéter l'un l'autre. Pour vivre heureux ils doivent aussi apprendre à se faire confiance. Ces deux émotifs affamés d'amour craignent souvent de s'éloigner l'un de l'autre. Le Cancer s'enfouirait la tête dans le sable et le Poissons prendrait le «large». Intuitivement ils savent ce qui fait plaisir à l'un comme à l'autre... Ils ne doivent pas refuser de se faire plaisir mutuellement et leur vie sera alors aussi belle qu'un conte de fées.

UN POISSONS ET UN LION

Ils auront bien du mal à se comprendre. Le Poissons ne supporte pas la consistance et la persistance du Lion, et celui-ci n'arrive pas à comprendre de son côté qu'on puisse autant se laisser aller et ne rien désirer de concret. Comparativement au Lion, le Poissons est un contemplatif! Il a son mode d'action, il n'est pas pressé, il a tout le temps devant lui, et entrer dans le feu de l'action risque de l'égarer de ses rêves! Priver un Poissons de ses rêves, c'est en fait le couper de la réalité! Le Lion ne voit pas la vie du même oeil, il a besoin de toucher les choses, d'être près des gens, de les sentir, de leur parler, d'entrer en contact. Le Poissons le fait par voie subconsciente, il sait, il ressent profondément et n'a pas besoin de tout expliquer. Il a compris! Le Lion est égocentrique, il exige qu'on s'occupe de lui et parfois avec autorité. Il ne se gêne nullement pour démontrer ses talents, alors que le Poissons, à côté, attend qu'on le découvre, qu'on vienne le chercher. Il se dit que, s'il est digne d'intérêt, on prendra soin de lui. Le Lion n'a pas de temps à perdre, il prend «le plancher». Il agit pour se faire aimer, se faire remarquer aussi. Le Poissons n'agit que s'il est bien, que s'il aime ce qu'il fait, autrement il ne fournira pas d'effort.

Pour le Lion, la vie est une conquête; pour le Poissons, c'est un état d'être! Il faudra un merveilleux dosage planétaire pour qu'ils puissent s'entendre. Le Poissons, symbole de Neptune, l'océan sans fin et sans fond... Le Lion, symbole du Soleil, peut toujours réchauffer la surface de l'eau du Poissons, mais il aura bien du mal à pénétrer dans l'immensité de ses sentiments et à affronter le tumulte émotionnel quand il y a des remous. Le Lion comprend ce qu'il voit d'abord, le Poissons ne cherche pas à comprendre, il ressent et analyse tout à la fois. Dernier signe du zodiaque, le Poissons est aussi le plus étrange, le plus complexe. Il comprend tout de chacun et est tolérant. Le Lion étant le cinquième signe, il n'a pas encore atteint cette étape de l'acceptation. La vibration du Poissons est plus puissante qu'il le croit lui-même: il symbolise l'eau, l'élément le plus puissant de notre planète, il représente l'océan à l'infini, la vague qui va et revient sans fin. Il peut transformer tous ceux qui se trouvent près de lui, mais là n'est pas son intention en réalité. Il le fait à son insu. S'il ne veut que le bien et le meilleur pour le Lion, celui-ci le fera, sans savoir qu'on fait pression sur lui. Si le Poissons décide de noyer le Lion, il le fera, et le Lion n'aura pas eu le temps de voir venir le raz-de-marée! Face au Poissons, le Lion est souvent intolérant, il ne peut comprendre que l'autre n'a besoin que de peu de choses pour être heureux! De l'affection purement et simplement. Les grandes démonstrations n'impressionneront pas le Poissons si elles ne sont pas sincères. Le Poissons, de son côté, s'il veut vivre heureux avec le Lion devra faire l'effort de quelques démonstrations théâtrales! Moins de poésie et plus d'action!

UN POISSONS ET UNE VIERGE

Ils s'opposent sur la roue du zodiaque. Ils s'attirent aussi, parce qu'ils peuvent se compléter. La Vierge est très préoccupée de ce qu'on pense d'elle, et c'est loin de l'esprit du Poissons qui, lui, ne désire qu'une chose: vivre sa vie à lui et non celle des autres, ni en fonction des autres! La Vierge est une personne de détails, et le Poissons est la représentation de l'Infini, de ce qui n'est plus mesurable! Nous avons donc là deux mondes totalement différents. Pourtant, rien n'est impossible. La Vierge symbolise l'humilité, le service à autrui. Le Poissons est celui qui, en fait, a besoin de se sacrifier et parfois de sacrifier toute son existence à autrui pour se sentir quelqu'un. Dès que la Vierge entre quelque part, elle observe et se dit qu'il faudrait changer ceci et cela. Le Poissons, de son côté, ne se fait jamais juge et peut vivre à peu près n'importe où. S'ils font ménage ensemble, la Vierge devra s'occuper de tout, ou presque, de ce qui est d'ordre matériel, dans l'organisation d'une vie à deux. Le Poissons ne s'occupe que de sentiments, du monde intérieur. Ce qu'il voit lui importe peu. Ce qui compte, c'est qu'il se sente bien en lui-même et avec l'autre.

Il n'a pas toujours les deux pieds sur terre alors que la Vierge, dans son signe de terre, les a assurément. Le fardeau matériel peut être difficile à porter pour la Vierge et si elle néglige le monde des sentiments en se préoccupant trop de la vie matérielle, cela peut rendre le Poissons mal à l'aise à un point tel qu'il fait sa valise. Il est toujours plus indépendant qu'il en a l'air. Il arrive qu'ils ne s'aiment pas à première vue: la Vierge est trop superficielle pour le Poissons, trop mesurée.

Le Poissons fait peur à la Vierge qui pressent qu'il pourrait l'entraîner à la dérive sur un océan où elle n'aura plus à se servir de sa logique mais bel et bien de son radar émotif, et, ça, ça fait peur à une Vierge qui n'est pas démunie d'émotions, même avec toute sa belle raison. Ils peuvent aussi s'aimer spontanément. La Vierge apprendra au Poissons qu'il faut garder les pieds sur terre pour assurer son existence et qu'il faut achever ce qu'on a commencé. Le Poissons enseignera à la Vierge qu'il faut vivre sur le fil de la vie sans trop se préoccuper de l'avenir matériel, que le ciel fournit toujours l'essentiel et que l'humain se crée plus de besoins qu'il n'en faut au détriment de sa vie amoureuse!

UN POISSONS ET UNE BALANCE

Une union un peu étrange, qui sort de l'ordinaire. La Balance, signe de Vénus, de l'union, vie de couple, signe cardinal, donc de commandement; le Poissons, symbole de Neptune, de l'infini et l'indéfinissable! Au départ vous aurez l'impression que c'est la Balance qui mène tout. Ce n'est qu'une apparence. Bien sûr, elle s'occupe de tous les accommodements extérieurs et organise même la vie du Poissons dans sa forme, si elle le peut et si le Poissons y consent. Rien n'est plus difficile que de «gérer» un Poissons. Surtout, que la Balance ne s'avise pas de le bousculer, de lui donner des ordres ou de vouloir discuter de choses qui ne l'intéressent pas. Le Poissons s'en irait avant même que la Balance ait pu réagir et, de plus, il ne laisserait pas d'adresse. Son symbole est l'infini!

Le Poissons se laissera impressionner au début par l'énergie de la Balance; il croira avoir trouvé quelqu'un qui l'aidera à agir. Effectivement, la Balance le stimulera à l'action. Cependant, elle émet une vibration beaucoup plus ambitieuse, calculatrice et matérialiste que le Poissons qui, de son côté, peut se lasser de vivre dans ce climat organisé. Le Poissons aime rêver et la Balance, dans son signe cardinal, fait de ses rêves une réalité. Un Poissons bousculé peut devenir un requin, un monstre marin, une anguille qui se faufile rapidement et qui vous échappe. Même si la Balance symbolise Vénus, l'amour, comparativement au Poissons, sa forme d'amour est limitée et bien naïve.

Vie de couple qui aura tendance à se replier sur elle-même. Pour le Poissons une vie de couple n'est qu'un moyen d'ouvrir son horizon intérieur, de mieux rêver! Il n'est pas un être organisé et il ne supporte pas l'ennui, la routine. Il aime être épaté, ébloui, distrait. La Balance peut le faire rire durant un certain temps, le surprendre, mais elle n'a pas que ça à faire! Il lui faut agir et obtenir un résultat concret dans la vie. Pour le Poissons, le seul véritable résultat est son bonheur, son bien-être qui n'a pas besoin d'artifices: vivre, aimer et laisser vivre. Il n'a nulle intention de diriger le monde, il a bien assez de mal à se diriger lui-même! Tous deux ont une perception de la vie totalement différente. L'air de la Balance est en haut et l'eau du Poissons est en bas! Les remous ne manqueront pas quand l'air se mettra en mouvement pour agiter l'eau. Ce ne sera toujours qu'en surface. Au fond de lui, le Poissons fait bien ce qu'il veut et personne ne peut lui imposer quoi que ce soit, et quand une Balance essaie, elle court le risque qu'un jour le Poissons, attiré par un courant chaud, s'y engage.

UN POISSONS ET UN SCORPION

Il est bien rare qu'ils ne s'entendent pas tout de suite. Ils se ressentent. Le Poissons a la faculté de se mouler au rythme d'autrui, et rien de mieux qu'un autre signe d'eau pour suivre la vague! Ils plongeront l'un dans l'autre si je puis dire. S'il survient des difficultés dans leur relation de couple, ils auront du mal à être agressifs l'un envers l'autre. Ils sont sensibles et ils le savent profondément, aussi éviteront-ils les blessures. Le danger réside dans la communication verbale. Le Poissons n'exprimant que très peu ses émotions, il brave la plupart du temps, il fait comme si tout lui coulait sur le dos. Le Scorpion, plus expressif, surtout en face du Poissons, ressent fort bien ce que le Poissons évite de lui dire ou voudrait lui dire. Au début, les choses en resteront là puis le Scorpion, fatigué de jouer au devin, exigera, à la grande surprise du Poissons, de s'entendre dire un «je t'aime» ou «je tiens à toi». Le Poissons ferait bien de réagir s'il ne veut pas s'entendre dire: «Je fais ma valise et vais chercher un courant plus hospitalier et plus coloré!» Ils sont deux grands passionnés mais ils n'ont pas la même vision de la vie. Celle du Scorpion, c'est d'être heureux avec ce qui est autour de lui, avec les gens qu'il connaît, il a besoin de concret pour se réaliser. Le Poissons vit passionnément dans ses rêves, et parfois il part à la conquête de l'un d'eux. Il est capable, s'il le faut, de se détacher de mille choses et mille gens aussi, ce que le Scorpion a bien du mal à faire, son signe fixe le rattachant, le raccrochant à sa famille, à ses amis, à ses biens.

C'est le plus souvent le Scorpion qui fixe une ligne de conduite au Poissons. Il devient une sorte de port d'attache. Le Poissons peut toujours tenter une évasion, mais quand il aura été secoué par les tempêtes, il reviendra vers le Scorpion qui lui aura conservé sa place intacte. Leur amour ne sera pas sans remous. Ce sont deux sensibles, deux êtres qui, tout au fond d'eux-mêmes, craignent d'être abandonnés, et tous deux ont peur de l'exprimer. Par bravade souvent, pour se prouver qu'ils sont forts, ils se quitteront et essayeront de vivre séparément, mais quand ils se sont aimés, le lien qu'ils ont créé est si fort qu'il survit en eux, même à distance.

Le Scorpion, en tant que signe fixe, prend ses responsabilités et poursuit ses objectifs. Le Poissons, en tant que signe double, ne prend pas toujours ses responsabilités, il s'absente, s'enferme à l'intérieur de lui-même où le monde lui semble beaucoup plus grand. Il voit mieux les yeux fermés, il se met en contact avec l'infini et, du même coup, il perd le sens de la réalité. Il y a toutes sortes de manières pour vivre hors du temps. Certains Poissons se donnent à leur travail et oublient complètement leur vie intime. D'autres ne vivent que dans l'intimité d'une autre personne et oublient qu'il faut aussi assurer leur subsistance. Comme le Poissons n'est pas tout à fait raisonnable, il peut aller d'un excès à l'autre, sans s'en rendre compte. Il gagne d'un côté et y perd de l'autre. Par rapport à lui, le Scorpion tente de tout unifier. La vie sociale et la vie intime sont tout aussi importantes l'une que l'autre.

Pour qu'ils puissent vivre heureux ensemble, il n'y a qu'une façon: rendre l'autre plus heureux que soi et être attentif à ses besoins. Ils n'ont pas beaucoup d'efforts à faire pour deviner, il suffit de le vouloir et le tour est joué!

UN POISSONS ET UN SAGITTAIRE

On dit souvent qu'ils ne se conviennent pas, qu'ils ne vont pas ensemble. Étrangement, depuis le début de mes observations, soit dix-huit ans au moment où ce livre sera sous presse, j'ai vu de multiples associations de ce genre être heureuses. En fait, ils sont si différents qu'ils ont continuellement à s'apprendre, ils s'observent et c'est toujours l'énigme. Le Sagittaire est étonné des résultats du Poissons qui arrive à ses fins en zigzaguant, et le Poissons est surpris de voir que l'autre a réussi là où on fait la ligne depuis longtemps pour obtenir soit un poste, soit une faveur ou quelque chose d'autre.

Il s'agit ici d'une association de deux signes doubles. Le Sagittaire est un signe de feu et le Poissons, un signe d'eau. Comme vous le savez, l'eau éteint le feu, mais la flamme du Sagittaire est si élevée qu'avant que le Poissons, symbole de l'océan, ne puisse s'élever au ciel pour aller éteindre la flamme, il faudra beaucoup de temps, le temps finalement de se connaître, de reconnaître qu'ils sont différents et que c'est respectable d'avoir des aspirations différentes, que la méthode de l'un vaut bien celle de l'autre. Un danger réside, c'est qu'ils soient si peu souvent ensemble. Deux signes doubles ont besoin d'espace, de distance pour mieux voir l'horizon, et arrive un jour où ils se reconnaissent à peine.

Le Poissons est plus émotif et plus sensible que le Sagittaire, et celui-ci ne lésine pas quand il a des vérités à dire à quelqu'un, et si le Sagittaire s'emporte contre le Poissons, ce dernier en sera si blessé qu'il ne pourra répondre et préférera s'évader dans ses rêves plutôt que de vivre une dispute. Le Sagittaire sera encore plus fâché et, pour soutenir son argument, il fera sa valise... Le Poissons aura tranquillement, douloureusement sans doute, emprunté un autre courant qui le conduira dans une mer plus chaude, moins mouvementée, plus calme. Pour qu'ils puissent vivre ensemble, le Sagittaire devra ménager la sensibilité du Poissons et ne pas lui mettre sur le dos des responsabilités qu'il ne peut prendre. Le Poissons ne devra pas se laisser impressionner par les emportements du Sagittaire et le laisser aller, même quand il pressent que ce dernier commet une bêtise. Il doit éviter également de lui faire la morale. Le Sagittaire n'apprend que par ses expériences. Le Poissons pourrait trouver le Sagittaire superficiel dans ses désirs de paraître parce que, pour lui, être suffit. Il devra donc faire l'effort de comprendre que le paraître du Sagittaire fait partie de son être. Le Sagittaire ne devra pas, en revanche, se montrer impatient devant le refus du Poissons de s'avancer pour paraître, il n'a que rarement ce besoin. Rien n'est impossible et j'ai été témoin de belles vies de couples entre des natifs de ces deux signes. Le Poissons fait ce qu'il a à faire et admire le Sagittaire pour son audace, sa ténacité et ses moments de passion. Le Sagittaire peut sentir qu'il est profondément aimé par le Poissons et que celui-ci lui fait confiance. Ils devront faire l'effort de ne pas se tromper, car ils ont du mal à résister à l'occasion qui se présente devant eux...

 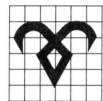

UN POISSONS ET UN CAPRICORNE

Le Capricorne est un signe de terre, beaucoup de terre, puisqu'il s'agit d'une montagne. Le Poissons est un signe d'eau, beaucoup d'eau puisqu'il s'agit de l'océan. Pour le Poissons, le Capricorne est trop sec. Pour le Capricorne le Poissons est trop dilué! Mais ils peuvent s'entendre si chacun le veut bien, naturellement. Le Capricorne en tant que signe cardinal donne des ordres et le Poissons, en tant que signe double, n'y entend rien. Le premier est plutôt ordonné, l'exception fait la règle; l'autre, de par sa nature, aime voir les choses étalées autour de lui. En fait, il n'a pas remarqué que ça traînait! Le Poissons a grand besoin d'affection, mais n'ose pas le demander, comme il devine, il croit aussi qu'on le devine. Le Capricorne pense que, parce qu'il a fait tel geste, posé tel acte, il vient de donner là une preuve d'attachement. Ce n'est pas suffisant pour le Poissons qui a grand besoin qu'on le rassure.

Le Capricorne est un être rangé, qui aime qu'on se plie à un système. Le Poissons n'a pas de système réel, il vit et ça suffit. La prévoyance, en général, il laisse ça à d'autres, ou du moins il n'a pas la même vision que le Capricorne sur le long terme. Le Capricorne vit dans un monde matériel et le Poissons qui a l'infini devant lui, ne peut en fait situer le mot avenir dans son vocabulaire. Le Capricorne, comparativement au Poissons, fonctionne avec la raison, et la batterie du Poissons c'est l'émotion. Le Capricorne est capable de s'astreindre à faire des choses qu'il n'aime pas. Le Poissons, lui, a bien du mal à suivre s'il n'est pas heureux dans ce qu'il fait ou là où il est.

Rien n'est impossible. Il faudra que le Poissons consente à se laisser guider de temps à autre par le Capricorne qui aime décider et que celui-ci accepte les débordements émotionnels et irrationnels de l'autre. Le Capricorne, s'il veut être heureux avec le Poissons devra prendre plaisir à entendre et écouter les divagations du Poissons amoureux de l'imagination elle-même. Le Poissons, de son côté, devra faire un effort pour comprendre le mot ambition tel que le conçoit le Capricorne. Ils se rencontrent souvent, ils s'attirent. Le Poissons a la sensation d'avoir trouvé un port, une halte auprès du Capricorne. Le Capricorne croit qu'il rêve enfin, le Poissons est attachant, mais voilà que la lune de miel s'achève. Le Poissons se remet à rêver du temps où il était au large et rencontrait une multitude de gens qu'il pouvait ressentir à sa guise.

Le Capricorne qui a un sens aigu du devoir reproche au Poissons son manque d'exactitude et ses pertes de temps au large! Il a des choses à faire et le Poissons le retarde! Le Poissons se complaît dans une sorte d'infini et le Capricorne est heureux quand il peut trouver une définition de la vie. Il faudra beaucoup de tolérance et de compréhension pour qu'ils puissent vivre heureux ensemble. Et en cette fin de siècle, il semblerait que le mot compromis soit absent dans les vies de couple! Alors le va-et-vient des vagues du Poissons continue de venir frapper le pied de la montagne du Capricorne. L'eau peut gruger lentement le sol, mais il faudra beaucoup de temps avant que la montagne ne plonge dans l'océan. Pour que cette union réussisse, il faudra une montagne capricornienne pleine d'humour, qui rit quand les vagues du Poissons viennent la chatouiller.

 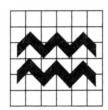

UN POISSONS ET
UN VERSEAU

Ici le Verseau pourra toujours se poser des questions, il se demandera longtemps comment on peut vivre en chevauchant à la fois les émotions et la raison. C'est un véritable mystère qu'il élucidera, peut-être bien dans une autre vie! Le Verseau, en tant que signe fixe, aime diriger, dominer les situations, au travail ou à la maison ou même dans ses loisirs. Il a le sens de la compétition. Le Poissons, lui, compétitionne avec lui-même. Il ne sent pas le besoin de prouver à d'autres qu'il a raison. Il pense et ressent. Il navigue et pas toujours en ligne droite. Comment pourrait-il s'arrêter à une seule expérience? Aussitôt qu'il en commence une il sait déjà comment ça va finir, alors pourquoi lui faudra-t-il absolument «toucher la fin»? Il en est tout autrement du Verseau qui aime voir les résultats qui le rassurent sur son efficacité. Le Verseau tentera de freiner le Poissons mais il aura une petite surprise: ce dernier lui glissera entre les mains. Le Verseau aura là de quoi occuper son cerveau pour un bout de temps.

Le Poissons est désarmant pour le Verseau. Celui-ci explique quelque chose en toute logique et à son dernier paragraphe, le Poissons soulève une intrigue qui vient démolir d'un seul coup toute la belle littérature raisonnable du Verseau par une remarque à la fois plus logique et humaine! Le Poissons a besoin de tendresse, il touche le coeur, il communique avec l'âme, pendant que le Verseau, lui, vit une expérience qu'il raisonne et qu'il raconte. Avec le Poissons on ne raconte pas l'amour, on le vit, on le ressent. Le Verseau, de son côté, a ce besoin de détailler ses sentiments, ses sensations qui se sont produites à un moment précis. Ce qui finit par énerver le Poissons qui, dans le cas humain, bien qu'il ait l'air d'avoir été pris à l'hameçon ne l'est pas vraiment.

Pour qu'ils puissent vivre heureux, le Verseau devra accepter la diversité et l'instabilité des idées du Poissons, il devra respecter sa capacité de prendre une multitude d'engagements vis-à-vis de différentes idéologies. Le Poissons devra s'efforcer à être moins évasif et plus présent en face du Verseau. Le Poissons a tendance à le provoquer à de nouvelles idées puis à s'en aller plutôt que d'écouter les réflexions qu'il a suscitées, ce qui choque grandement le Verseau. Par rapport au Poissons, le Verseau est consistant, il agit. Le Poissons rêve et ça ce n'est pas logique.

Le Verseau est un signe d'air, l'air est en haut, et le Poissons, un signe d'eau, l'eau est en bas. Ils ont beaucoup à se raconter sur leurs différentes expériences et visions. Le respect s'installe quand le Verseau cesse de croire que le Poissons divague. Contrairement à ce que pense en général le Verseau, le Poissons est plus logique qu'il ne le laisse paraître, seulement lui il a compris que la vie prend sa source dans cet univers où on ne peut rien situer d'une manière absolue. Le monde de l'espace appartient au Verseau, c'est bien grand par rapport à d'autres signes, et bien petit comparativement à la dimension de l'infini que le Poissons porte en lui. Le Verseau respecte la force, veut sauver l'humanité, mais on devra obéir à ses directives, tandis que le Poissons tout en respectant la force, sympathise avec la faiblesse qui est profondément humaine, et il n'a nul autre conseil à donner si ce n'est que rêver, c'est commencer à inscrire dans le grand livre de la vie l'action sans la force ni la violence.

UN POISSONS ET UN AUTRE POISSONS

Ce ne sera pas une liaison ou un mariage de tout repos. Au début, oui; ensuite, l'ennui puis le désintéressement de l'un pour l'autre à moins, comme dans tous les cas de signes identiques, qu'il existe entre eux une grande différence d'âge, ce qui permet alors d'échanger des points de vue sur la vie, étrangers à l'un et qui fascinent l'autre. Il s'agit ici de deux signes doubles, deux signes d'eau représentant l'océan, l'infini... Ils peuvent s'y perdre! Les Poissons sont des gens facilement troublés émotionnellement qui ont bien du mal à spécifier ce qui a pu les blesser. Alors, deux comme ça, le langage est télépathique ou sujet à interprétation de la part de l'un comme de l'autre. Ils seront sujets à se prêter des intentions qu'ils n'ont pas nécessairement, l'imagination est féconde et plus encore quand leurs vibrations se trouvent réunies. Imaginez simplement que vous êtes continuellement dans l'eau, pas de terre à l'horizon, il faut être bon navigateur pour vivre entre deux Poissons!

Une grande différence d'âge peut permettre à l'aîné de prévenir le plus jeune des dangers qui menacent dans la vie et le plus jeune de continuer de stimuler le plus âgé à l'aventure, à la découverte. L'aîné, généralement, prendra soin du plus petit et celui-ci contribuera à distraire l'aîné. Ils pourront être heureux s'ils partagent un idéal commun, et encore là l'un peut «nager» plus vite que l'autre! Alors discussion à n'en plus finir qui tourne en queue de poisson! S'ils veulent vivre ensemble, ils devront s'efforcer au réalisme. La part du rêve qui intervient entre eux est d'autant plus stimulée quand ils sont en présence l'un de l'autre. Ils peuvent donc, à la longue, prendre leur rêve pour une réalité.

Un autre facteur peut intervenir: l'élasticité morale, la permissivité qu'ils s'accordent. Ils peuvent donc se tromper mutuel-

230

lement et un beau jour se rendre compte qu'ils n'habitent plus ensemble, qu'ils ne se parlent plus, qu'ils n'ont en fait plus rien à se dire. Ils se sont devinés, mais ni l'un ni l'autre n'a osé avouer son escapade afin de ne pas blesser, froisser, troubler. Sauf que l'un et l'autre ressentent profondément ce qui se passe, même ce qu'on fait à leur insu. Pour qu'ils puissent s'aimer, l'un devra être un poisson amphibie qui, de temps à autre, fait une reconnaissance chez les terriens et en fait part à l'autre pour qu'ils puissent s'harmoniser avec le reste de l'univers.

Sommaire